LA SEINE

ET SES BORDS.

IMPRIMERIE D'ADOLPHE ÉVERAT ET C⁰,
rue du Cadran, 16.

LA SEINE
ET SES BORDS
PAR
C. NODIER.
VIGNETTES PAR MARVILLE ET FOUSSEREAU.

Publiés

PAR M. A. MURE DE PELANNE.

PARIS,

AU BUREAU DE LA PUBLICATION,
rue Saint-Honoré, 215.

—

1836.

INTRODUCTION.

L'HISTOIRE de la SEINE est, beaucoup plus qu'on ne l'imaginerait au premier abord, l'histoire de la France elle-même. Il en est des fleuves comme des nations. Inconnus à leur origine, rien ne révèle, dans la source obscure d'où ils s'échappent, la portée de l'espace qu'ils vont parcourir, et les différentes vicissitudes de leurs cours. Faibles à leurs commencements, ils coulent cependant au gré de la pente qui les entraîne, approfondissant peu à peu leur lit, reculant peu à peu leurs rivages, portant avec eux des désastres ou des bienfaits, la fertilité ou la terreur, jusqu'à ce que, parvenus au plus haut degré d'étendue, de richesse et de splendeur qu'il leur soit permis d'atteindre, et poussés à son terme par leur propre violence, ils se précipitent et disparaissent pour toujours dans l'abîme des mers. Ainsi apparaissent et s'accroissent et finissent les empires. L'histoire de l'homme est tracée partout dans le tableau magique de la nature.

Ajoutons quelque chose à cette comparaison; c'est qu'il serait également téméraire de mesurer la grandeur des peuples à la durée de leur prospérité politique, et de mesurer l'illustration des fleuves à la longueur de leur trajet. Les cent cinquante années d'Athènes laisseront plus de glorieux souvenirs à l'histoire que les siècles innombrables de la Chine ; et la Seine, dont le voyageur peut parcourir les bords en peu de jours, réveille plus d'idées imposantes et rappelle plus de grands événements à la mémoire des âges, que ce fleuve immense de l'Amérique septentrionale dont le cours embrasse la moitié d'un monde. La Seine! le fleuve roi de la reine des cités, le fleuve français qui n'a pas appuyé son urne sur une terre étrangère, comme le Rhône et comme le Rhin; qui ne va pas en transfuge enrichir nos voisins du trésor de ses eaux, comme l'Escaut et comme la Meuse; qui descend de nos montagnes et se perd dans notre Océan, sans avoir fécondé d'autres plaines, sans avoir baigné d'autres villes, sans avoir miré d'autre ciel!

Que manque-t-il à sa beauté? La nature végétale a prodigué sur ses rives fleuries toutes les richesses de sa corbeille; il a visité en passant les plaines riantes de la Bourgogne; il a bercé sur son cristal fidèle le front doré de ses coteaux chargés de pampres; il s'est enorgueilli sous la pompe royale des vieux marronniers des Tuileries. Vous le verrez, plus loin, suspendre comme à dessein la rapidité de ses flots pour rafraîchir de vapeurs salutaires les magnifiques ombrages qui séparent le berceau de Louis XIV de celui de saint Louis. Le voilà bientôt qui enveloppe Mantes comme une ceinture; ou qui se déroule comme un ruban sous les agrestes collines de Vernon. Cette ville aux flancs boisés, aux frais boulevarts, au vaste port, c'est Rouen, le Paris du vieux Rollon. La Seine fléchit pour la première fois sous le poids des vaisseaux. Elle s'enfle d'orgueil, elle accélère sa course, elle est impatiente de sentir les eaux de la mer se confondre avec les siennes. Rien ne peut la retenir, ni les jardins délicieux de la Meilleraie, ni les ruines pittoresques de Tancarville, ni les doux paysages aux frondes verdoyantes qui se pressent sur ses bords. Elle a entendu la grande voix du flux qui l'appelle et qui la repousse. Elle s'élance, elle bondit, elle lutte, elle triomphe, elle se perd dans le reflux qui l'emporte.

Tel est l'aspect sous lequel la Seine se présente à la poésie, spectacle toujours nouveau, toujours divers, qui se modifie pour s'embellir à tous les détours du fleuve, et qui réunit toutes les grâces à toutes les magnificences, comme ce tableau qu'Apelles suspendit aux rivages de Neptune. Il ne serait pas besoin d'un autre charme pour la rendre chère aux Muses de la patrie; mais c'est peu de tant de merveilles qui enchantent les yeux, si elle ne manifeste son passage par des bienfaits plus sensibles à tous les hommes. Féconde auxiliaire de l'agriculture, véhicule obéissant du commerce, elle multiplie les récoltes des champs qu'elle arrose, elle les reçoit, elle les transporte, elle les distribue aux populations dont elle a de toutes parts appelé le concours sur ses grèves hospitalières et favorables ; nourrice de nos provinces les plus opulentes, elle en répartit les produits entre elles avec la prudente libéralité d'une bonne mère ; elle les améliore ou les varie par l'échange, et en livre enfin les trésors à cette glorieuse capitale de la civilisation, qui n'a pas cru trop honorer la navigation de la SEINE en prenant un vaisseau pour son insigne. Ce n'est pas tout cependant, car elle n'a donné jusqu'ici à sa ville suzeraine que les richesses naturelles qui relèvent de son territoire ; elle va, tout en continuant ses distributions accoutumées parmi ses heureux riverains, demander d'autres richesses à la mer, où le Havre et Honfleur s'étendent en avant comme les deux mains du fleuve pour recevoir les tributs du monde. Elle enlève le superflu de l'utile pour ramener celui du luxe ; elle abandonne aux besoins des nations éloignées les productions surabondantes et sans cesse renouvelées de notre sol et de notre industrie, pour se charger de biens plus rares que notre soleil n'a point mûris ou que nos artisans n'ont point élaborés ; et, semblable à un conquérant qui traîne après lui les dépouilles de l'univers, vous la verrez arrêter sous vos murs son convoi triomphal, et contribuer de ces dons précieux à la décoration de vos fêtes et à l'illustration de vos monuments.

Les délices pastorales des belles vallées de la Seine ont-elles assez longtemps flatté vos regards? êtes-vous las (et qui pourrait s'en lasser jamais !) de vous égarer sur ses tapis de pelouse et dans la fraîcheur de ses bocages? Ne seriez-vous sensibles, ni aux hasards d'une navigation pacifique, sans aventures, sans combats et presque sans tempêtes, ni aux ambitions innocentes de l'industrie et du commerce, ni à leurs conquêtes faciles qui n'ont pas coûté de larmes et que le sang n'a pas souillées? Hélas! puisse l'histoire des nations, pour leur repos et pour leur bonheur, ne point présenter d'autres images et ne point rappeler d'autres souvenirs! Mais la Seine est un fleuve français, et par conséquent aguerri au bruit des armes. Aucune des rivières qui baignent les contrées les plus célèbres par leurs fastes militaires, n'a mêlé plus souvent la rumeur de ses ondes à celle des combattants; aucune n'a vu arborer dans ses plaines dévastées plus de trophées de batailles; aucune n'a fourni plus d'eau lustrale aux sacrifices sanglants de la guerre! Devant elle ont campé tour à tour Jules-César, Constantin, Julien, Attila, Clovis, Charlemagne, Rollon. Sur une de ses rives, l'Europe s'est arrêtée presque effrayée de ses victoires ; sur l'autre était Napoléon. Si ces campagnes, aujourd'hui chargées de moissons, venaient à s'ouvrir à l'appel de la trompette du jugement, elles ne suffiraient plus à porter les guerriers qui ont trouvé de siècle en siècle un tombeau dans leurs sillons, tant seraient épais les rangs accumulés de cette armée de cadavres. On y distinguerait à leurs vêtements, à leurs armes, au type étrangement varié de leur physionomie nationale, le Gaulois, le Romain, le Franc, le Normand, le Bourguignon, l'Anglais, le Germain des bords du Rhin, du Danube et du Weser, le Croate de la Saxe, le Cosaque du Nieper, le Baskir des déserts d'Ufa, et surtout le Français ; car le poignard de la guerre civile a creusé ici plus de fosses que l'épée de l'étranger. Oh ! ne redoutez pas que cette célébrité funeste manque aux fastes de la Seine ! Vous ferez à peine un pas sans rencontrer quelques vestiges tragiques de ces gloires farouches qui rendent un peuple redoutable et fameux parmi tous les autres. Partout où s'élève une cité, vit la mémoire d'un fait de guerre. Bar-sur-Seine, forte et belliqueuse encore du temps de Froissart, vous rappellera sa lutte contre Troyes, si fière de la ceinture de ses fortifications et du triple château qui la rendaient imprenable. Troyes à son tour,

Châtillon, Melun, Corbeil, Pont-de-l'Arche, Harfleur, le Havre, vous parleront de leurs siéges et de leur généreuse résistance. Rouen vous dira les assauts qu'elle a subis, et dont l'un coûta la vie à ce roi de Navarre qui fut le père d'Henri IV. Votre guide vous montrera l'embouchure de l'Epte, rivière aux bords riants dont l'humble cours ne promettait rien d'illustre, mais qui s'enorgueillit d'avoir été disputée par Philippe-Auguste et Richard Cœur-de-Lion. Sous les restes délabrés d'un château antique, il vous fera voir l'endroit d'où partit la petite embarcation de Guillaume-le-Conquérant, quand ce héros alla rejoindre la flotte qui lui soumit l'Angleterre; et sur votre passage, vous aurez salué d'un regard la gracieuse solitude du Mesnil, où la tradition veut que les conseils d'Agnès Sorel aient animé, plus tard, le courage de Charles VII à la conquête de son propre royaume. Nous voyageons en France où les souvenirs de l'amour et de la volupté se mêlent toujours à ceux de la gloire. Avec ces hautes impressions de l'épopée, viendront se confondre partout sur votre route celles du drame et de la romance. C'est au pont de Montereau que Jean-sans-Peur tomba sous la hache d'armes de Tanneguy du Châtel; c'est au pont du Louvre que le maréchal d'Ancre tomba sous le pistolet de Vitry; c'est sur le Pont-Neuf que ses membres sanglants furent dévorés par une populace d'anthropophages, à l'endroit même où s'était allumé, trois siècles auparavant, le bucher de Jacques Molay. Plus loin s'élevait la tour de Nesle, et vous croirez entendre encore sortir du sein des ondes, au milieu des rafales d'une nuit orageuse, ces paroles formidables qui privilégiaient l'assassinat : *Laissez passer la justice du roi*, à moins qu'elles ne soient couvertes par les gémissements des victimes de la Saint-Barthélemi, égorgées à la même place. Au pied de cette colline charmante où la nature sourit avec tant de grâce, et qui avait cependant offert autrefois une retraite austère à saint Clodoald, Henri III fut frappé du poignard d'un fanatique. Le château de la Roche-Guyon vous rappellera le meurtre impuni d'un comte d'Enghien; Rouen, le suplice impie de Jeanne d'Arc; Jumiéges, l'exil des *énervés*. Mais ce n'est pas tout encore, et dans ces régions poétiques, les forêts, les rochers, les montagnes ont un langage. Celle-ci qui dessine à l'horizon son profil net et rapide, c'est la *côte des Deux-Amants*. Autrefois une chapelle construite à son sommet, vous aurait montré le lieu où le fiancé s'arrêta pour mourir. Quant à la jeune châtelaine, elle redescendit jusqu'à l'Andelle, où elle vint ensevelir son deuil et ses douleurs, et la petite rivière qui se jette à vos pieds dans le grand fleuve avec un sourd gémissement, y apporta jadis ses rubans et son bouquet nuptial.

Un intérêt plus vif, qui n'est peut-être pas moins doux, enchaînera votre attention à cette histoire encore vivante, dont les annales sont écrites sur les monuments du rivage. Vous les lirez sur ces pages de pierre qui ont défié tant de siècles pour porter à l'avenir le témoignage du passé, et dont les révolutions des âges qui altèrent et changent tout n'ont point altéré le caractère solennel. A peine éloignés de quelques lieues de votre point de départ, vous visiterez à Châtillon les restes de l'antique manoir des ducs de Bourgogne ; à Bar, l'enceinte ruinée, mais autrefois imposante, où florissaient les comtes de Barrois. Sur votre droite, vous laisserez à Vincennes, parmi les arbres sous lesquels le saint roi Louis IX rendait la justice à ses sujets, le vieux château où naquit le sage roi Charles V. A Paris toutes les époques et presque toutes les générations vous apparaîtront personnifiées dans des édifices contemporains. Vous ne passerez pas entre la tour solitaire de Saint-Jacques et les tours jumelles de Notre-Dame sans rétrograder par la pensée sur les événements qui se sont accomplis devant ces colosses. Plus loin, c'est Saint-Germain-l'Auxerrois où gronda le tocsin de la Saint-Barthélemi. Voilà le Louvre de François Ier. Voilà les Tuileries de Louis XIV. Votre cœur a palpité tout à l'heure d'une tendre émotion à l'aspect de la statue d'Henri IV. Quelque soit le sentiment qui vous anime à la vue de la colonne de Napoléon, si l'amour de la liberté vous a prémuni de bonne heure contre les illusions de la gloire, rendez hommage cependant au génie et à l'infortune. Ne dédaignez pas de jeter un regard sur les jardins qui couronnent cette colline, ils ont prêté leur ombrage à Molière et à Boileau. Ici, non loin de cette machine hydraulique qui rappelle les magnificences du grand siècle et du grand roi, vous auriez vu naguères l'élégante demeure de Gabrielle, mais elle a dû céder l'espace aux buttes badigeonnées de la propriété nouvelle. Consolez-vous en reportant vos yeux au sommet du mont voisin sur des murailles que la sape n'a pas encore ébranlées. Forteresse ou palais, c'est le séjour royal de Louis XIII, où son fils passa une vie inquiète et menacée sous la tutelle d'un prêtre. Assez d'autres tableaux vous occuperont encore, avant que les pentes boisées de la côte sainte Catherine vous aient annoncé Rouen; mais réservez un intérêt sans partage à cette noble ville, musée gothique de la patrie, Herculanum vivace et populeux du moyen âge, qui confond de loin les flèches de ses églises avec les mâts de ses vaisseaux. Nous vous dirons à quels temples appartiennent ces ogives transparentes qu'un ciseau délicat comme le burin et sûr comme l'emporte-pièce a fouillées avec tant de grâce et d'esprit, ces tours dont la majesté n'exclut pas une certaine coquetterie d'ajustement, et qui portent jusque dans les cieux leurs fronts couronnés de dentelles et leurs campaniles brodés. Toutes ces merveilles de l'architecture chrétienne ne vous abandonneront plus qu'au moment où la terre manquera elle-même sous vos pas, vers ces grèves de la Manche où la SEINE va perdre son nom. Elles se déploieront à vos yeux dans l'imposante basilique de Saint-Georges de Bocherville; dans les restes magnifiques de l'abbaye de Jumièges, sauvés de la destruction totale qui les menaçait par la sollicitude presque royale d'un propriétaire instruit et sensible; dans les ruines moins heureuses de l'ancien monastère de Saint-Wandrille; dans le beau clocher de Caudebec et l'élégant portail d'Harfleur. Il n'y a pas jusqu'à la petite église de Graville, ermitage décoré par la piété des peuples, et qui se cache à moitié comme un nid d'oiseau dans les arbres de la colline, où l'on ne voie briller quelques reflets éclatants de l'art sublime de nos ancêtres, Michel-Anges sans renommée, obscurs Palladios, dont le génie longtemps méconnu avait deviné le caractère auguste et mélancolique de la demeure du vrai Dieu.

Est-il nécessaire d'ajouter après cela que la Seine a eu son hagiologie ou son histoire sacrée, comme elle avait eu sa mythologie ou son histoire fabuleuse ? Elle reconnaît pour patron auprès du Dieu des chrétiens le véritable abbé Saint-Seine, qui vécut au sixième siècle, et fonda non loin de la source du fleuve un monastère connu sous son nom, qu'un petit bourg voisin a conservé. Saint-Seine y fut longtemps invoqué aux époques de sécheresse ou d'inondation, car ces terribles accidents naturels étaient imputés, dans la croyance naïve des peuples, à la colère que lui causaient nos péchés. En pareille circonstance, on allait en foule entendre la messe au pied d'une croix plantée auprès de la source, et au dernier évangile on plongeait par trois fois dans ce faible ruisseau la statue du saint patron. La philosophie a passé sur tout cela. La croix même a disparu et les pieuses consolations avec elle; je ne sais ce que le pays, éclairé du reflet de nos brillantes lumières, y a gagné en bonheur temporel, mais il y a perdu le Ciel et l'espérance.

De toute cette poésie merveilleuse du moyen âge,

il ne reste que des traditions. Vous trouverez partout sur les bords de la Seine, celles qui sont propres aux populations littorales, et surtout le souvenir vivant encore de cette création fantastique dont Cuvier a reconnu des traces irrécusables dans les débris du monde ancien. Telle est entre autres l'histoire de la *Gargouille* de Rouen, dragon formidable comme la *Vouivre* du Doubs et la *Tarrasque* du Rhône, qui, poursuivi par saint Romain, se précipita dans la *Seine* où il fut englouti.

Les fictions mythologiques de cette histoire ont plus de grâce. On les croirait détachées d'un poëme inconnu d'Hésiode ou d'Ovide, et cette illusion s'expliquerait fort bien, puisqu'elle ont été recueillies par le premier des poëtes du dix-huitième siècle, Bernardin de Saint-Pierre; mais je n'oublierai pas que c'est à lui seul qu'il appartient de les raconter.

« La Seine, fille de Bacchus et nymphe de Cérès, avait suivi dans les Gaules la déesse des blés, lorsqu'elle cherchait sa fille par toute la terre. Quand Cérès eut mis fin à ses courses, la Seine la pria de lui donner, en récompense de ses services, ces prairies que vous voyez là-bas. La déesse y consentit, et accorda de plus à la fille de Bacchus de faire croître des blés partout où elle porterait ses pas. Elle laissa donc la SEINE sur ces rivages, et lui donna pour compagnes et pour suivantes plusieurs nymphes, entre autres Héva qui devait veiller près d'elle, de peur qu'elle ne fût enlevée par quelque dieu de la mer, comme sa fille Proserpine l'avait été par celui des enfers. Un jour que la SEINE s'amusait à courir sur ces sables en cherchant des coquilles, et qu'elle fuyait en jetant de grands cris devant les flots de la mer, qui quelquefois lui mouillaient la plante des pieds et quelquefois l'atteignaient jusqu'aux genoux, Héva, sa compagne, aperçut sous les ondes les cheveux blancs, le visage empourpré et la robe bleue de Neptune. Ce dieu venait des Orcades après un tremblement de terre, et il parcourait les rivages de l'Océan, examinant avec son trident si leurs fondements n'avaient pas été ébranlés. A sa vue, Héva jeta un grand cri, et avertit la SEINE, qui s'enfuit aussitôt vers les prairies. Mais le dieu des mers avait aperçu la nymphe de Cérès, et, touché de sa bonne grace et de sa légèreté, il poussa sur le rivage ses chevaux marins après elle. Déjà il était près de l'atteindre, lorsqu'elle invoqua Bacchus, son père, et Cérès, sa maîtresse. L'une et l'autre l'exaucèrent : au moment où Neptune la saisit dans ses bras, tout le corps de la nymphe se fondit en eau; son voile et ses vêtements verts, que les vents poussaient devant elle, devinrent des flots couleur d'émeraude ; elle fut changée en un fleuve de cette couleur, qui se plaît encore à parcourir les lieux qu'elle a aimés étant nymphe. Ce qu'il y a de plus remarquable, c'est que Neptune, malgré sa métamorphose, n'a cessé d'en être amoureux, comme on dit que le fleuve Alphée l'est encore en Sicile de la fontaine Aréthuse. Mais si le dieu des mers a conservé son amour pour la Seine, la Seine garde encore son aversion pour lui. Deux fois par jour, il la poursuit avec de grands mugissements, et chaque fois la Seine s'enfuit dans les prairies en remontant vers sa source, contre le cours naturel des fleuves. En tout temps, elle sépare ses eaux vertes des eaux azurées de Neptune.

Héva mourut de regret, et on lui éleva sur le rivage un tombeau de pierres blanches et noires. C'est la montagne escarpée qui porte toujours le nom d'*Héva*, et qui renferme un écho pour prévenir les marins des dangers du naufrage, comme autrefois elle avait averti la nymphe de Cérès des périls qui la menaçaient.

Les autres compagnes de la Seine furent métamorphosées comme elle aux divers lieux où elles s'arrêtèrent dans leur fuite. Ce sont l'Aube, l'Yonne, la

Marne, l'Oise, l'Andelle, et toutes les autres rivières qui viennent apporter le tribut de leurs eaux à leur ancienne maîtresse.

Amphitrite, à la nouvelle de ces désastres, fit construire plusieurs petites baies à l'embouchure de la SEINE et voulut qu'elles fussent des havres assurés contre la fureur de son infidèle époux. Ce sont les différents ports qui offrent un asile aux vaisseaux depuis Rouen jusqu'à la mer.

Notre vieille mythologie nationale ajoute quelque chose à ce délicieux récit.

Peu de temps après, Friga, la belle Thétis des Gaules, fut jalouse de voir Siofne, la Vénus celtique, remporter la pomme, qui était le prix de la beauté, sans qu'elle eût été mise au concours, et résolut d'en tirer vengeance. Un jour que Siofne, descendue sur les rives de la SEINE, visitait les prairies émaillées qu'elle arrose, Friga lui déroba sa pomme, qu'elle avait déposée sur un rocher, et en sema les pépins dans les campagnes voisines pour y perpétuer le souvenir de son triomphe. De là proviennent les innombrables pommiers qui croissent dans le pays, et peut-être aussi l'esprit de dissension que la chicane et les procès entretiennent, dit-on, parmi ses habitants.

Maintenant, Nymphe, accompagnez nos pas à

travers les riches campagnes que vous embellissez, et inspirez-nous des récits simples et sans arts, mais limpides comme vos ondes et variés comme vos rivages.

HAUTE-SEINE.

Source de la Seine.

HAUTE-SEINE.

1.

Près le village de Saint-Germain-la-Feuille et non loin du bourg de Chanceaux, il existe un étroit vallon, espèce de gorge resserrée entre deux côtes qui font partie de la chaîne des monts de la *Côte-d'Or*. Là sur le revers septentrional d'une hauteur couverte de bois, on voit jaillir un faible ruisseau qui descend rapidement la pente de la colline. Plus bas une espèce de mare ou de petit etang l'arrête dans sa course et l'emprisonne un moment. Il reprend des forces en grossissant, et se remet à couler, mais avec un peu moins de rapidité. Si la curiosité vous porte à le suivre dans ses détours, vous le verrez s'enfler peu à peu de plusieurs autres ruisseaux, et vous arriverez enfin avec lui à un groupe de cinq ou six maisons appelé Courceaux, éloigné d'une demi-lieue de sa source. Alors ce filet d'eaux rencontre pour la première fois un obstacle. C'est un petit pont qui sert de passage à la route de Paris à Dijon, et sous lequel il semble plus humilié de courber la tête, que le Rhône lui-même sous les arches du pont Saint-Esprit. C'est surtout lorsque, grossi par les pluies, il est devenu torrent, qu'on le voit se briser avec violence contre les cailloux qui servent de piliers à cette chétive construction.

Cherchez alors quel peut être le nom et quelle sera la destinée de ce petit ruisseau. L'enseigne d'une méchante auberge va vous l'apprendre : *Au premier pont de la* Seine. C'est en effet ce fleuve qui se hâte d'aller arroser la capitale de la France pour se précipiter ensuite dans l'Océan par une embouchure aussi vaste que dangereuse, c'est bien lui qui est là devant vous, lui que vous pourriez aisément enjamber et voir couler entre vos pieds.

Les géographes, esclaves de l'erreur qu'entraîne la ressemblance des noms, ou peut-être abusés par un rapprochement mnémotechnique, placent tous la source de cette rivière auprès du bourg et de l'abbaye de Saint-Seine. Ceux-ci en sont pourtant éloignés de plusieurs lieues ; ils en sont séparés par plusieurs monts, et les eaux qui les arrosent sont celles de l'Ignon, qui a son embouchure dans la Saône, avec laquelle il va se perdre dans la Méditerranée, mais que les voyageurs, sur la foi des savants, ont pu prendre souvent pour le fleuve lui-même.

Ce ne serait pas une moins grave erreur de rapporter à la SEINE l'origine du nom des peuples séquaniens, puisqu'ils habitaient l'Helvétie et les pays compris entre le Rhône, la Saône et le Rhin.

En quittant Courceaux, la SEINE, quoiqu'elle reçoive plusieurs sources à son passage, n'est encore pendant longtemps qu'un étroit ruisseau qui promène ses eaux limpides et poissonneuses au milieu des prés, dans un vallon solitaire et bordé des deux côtés par un pays montagneux, boisé, d'un aspect agreste et sauvage. Elle alimente dans sa route un assez grand nombre d'usines, et s'avance en décrivant toujours des circuits multipliés, comme si la nature lui avait tracé dès son berceau cette voie incertaine et tortueuse qui la signale dans tout son cours; fleuve ou ruisseau, son caractère est toujours le même, et on la voit se plaire également partout à embrasser dans ses contours infinis les prairies qu'elle féconde.

Si nous continuons à descendre avec elle, nous ne tarderons pas à arriver à Billy, où elle reçoit le Géveron, petite rivière qui vient doubler ses forces et qui la rend flottable à bûches perdues.

Ce pauvre village n'est remarquable que par sa situation pittoresque entre deux montagnes couronnées de bois, et parce qu'il est le premier qui soit arrosé par la SEINE. Plus loin elle reçoit une nouvelle source, la Verrerie, et passe à un autre village, appelé Oigny, situé sur sa rive droite. Ici la route de Paris, qui, depuis Courceaux, cotoyait sa gauche à une petite distance, s'en éloigne tout à coup et se cache derrière les collines qui bordent la vallée. La multiplicité des hameaux et des villages diminue, et si l'on excepte Orrey, placé assez loin de la rivière pour qu'en suivant son cours on en soupçonne à peine l'existence, il faut faire trois lieues avant de rencontrer quelques habitations sur la route, dont la monotonie n'est interrompue que par les sinuosités nombreuses de la SEINE. Enfin se présente un clocher, qui invite à presser le pas, et à venir se reposer un instant à l'abri des maisons dont il annonce le voisinage. Cette paroisse, c'est celle de l'antique Duesme, village qui s'enorgueillit d'avoir été jadis la capitale d'une petite contrée signalée par les géographes, et dont la célébrité remonte jusqu'aux temps de la seconde race de nos rois. Son territoire ne renferme que des coteaux et des roches au centre desquels se déploie la fertile vallée de la Seine, chargée de sa fraîche verdure et de ses ombrages accoutumés, comme un riant oasis au milieu du désert.

En sortant de ce village, vous en apercevez devant vous un autre à peu de distance ; c'est Quémigny en Duesmois, situé aussi sur la rive gauche de la rivière, au confluent d'un ruisseau, dans une gorge resserrée entre des rochers. Leur chaîne continue sans interruption jusqu'à l'embranchement d'une petite vallée transversale, par laquelle débouchent le Revinson et l'Aigny, réunis pour apporter à la Seine le tribut de leurs eaux. Alors le fleuve commence sa marche majestueuse, et s'avance paisiblement au travers d'une prairie bordée des deux côtés par des rochers, au pied desquels, sur la gauche, est placé le village de Cosne ; et après une heure de marche celui de Saint-Marc dans un délicieux vallon. La route de Paris qui s'était éloignée à regret des rives de la Seine, et qui, comme un enfant qui se cache pour jouer, avait plusieurs fois reparu à nos yeux dans le lointain, se rapproche enfin pour longtemps du fleuve, et descend des plaines montagneuses dans la vallée par une pente longue et peu rapide, qu'on aperçoit de près d'une lieue. Puis, de concert avec la SEINE, elle s'avance dans la prairie, cotoyant sa rive gauche, et se conformant à ses moindres sinuosités. A une demi-heure de chemin au-dessous de Saint-Marc, le Brevon, venant de la droite, se jette dans le fleuve, après avoir arrosé le village de Bremur placé agréablement au point de jonction des deux vallées. Aisey-le-Duc vous offre un point de vue plus pittoresque encore. Ce village, entouré de monts dont les cimes sont couvertes de bois épais, est traversé en sautoir par la SEINE et la grande route de Paris, qui passe là sur un pont et reprend la droite du fleuve qu'elle avait quittée à Courceaux. Tous deux gagnent ensuite Nod, où est établie une fonderie importante.

A peine sortie de ce village, la SEINE, par un de ces caprices qui lui sont familiers, s'écarte subitement de la route de Paris, pour aller arroser Chamesson et le pied de la côte d'Ampilly. Puis revenant sur ses pas, elle baigne Buncey où se distingue la jolie maison de campagne d'un ancien banquier de Châtillon, et vient alimenter de ses eaux la magnifique papeterie de M. Humbert. C'est au-dessous de cette usine que la SEINE se divisant en plusieurs bras et coulant dans un terrain spongieux, laisse en été son lit presque à sec, et finirait par tarir entièrement, si la Douix, au sortir de Châtillon ne venait la rafraîchir et la vivifier. Ainsi, ce ne sont point les eaux de la SEINE, mais celles de la Douix qui viennent à notre insu, dans les jours d'un été constant, baigner les grèves de Paris. Mais prenons garde d'anticiper sur notre voyage.

Depuis Buncey, usines, hameaux et maisons de plaisance nous annoncent par leur multiplicité le voisinage de quelque ville. Devant nous, en effet, paraissent déjà les murs de Châtillon, autrefois capitale du pays de la Montagne, l'une des cinq subdivisions de la Bourgogne, et aujourd'hui chef-lieu de sous-préfecture. Cette ville, la première qu'arrose la SEINE, est assez bien bâtie, et ses rues sont larges et propres. Elle est située de manière que les extrémités en sont fort élevées, relativement au milieu qui est situé dans un fond, ce qui forme sur son axe une espèce d'amphithéâtre partagé par le fleuve, en deux parties dont l'une s'appelle Chaumont et l'autre le Bourg. A Chaumont existe une maison seigneuriale qu'on croit avoir été bâtie par le chancelier Rollin; c'est aussi à l'une des portes de ce quartier qu'on voyait autrefois dans une niche l'image de saint Antoine, dont la profanation devint si célèbre en 1576 par le funeste châtiment que le Ciel tira des quatre soldats huguenots qui s'en étaient rendus coupables :

> Car l'un brûla d'ardeur intolérable,
> En même temps l'autre moult agité
> Mourut en Seine, où, comme il est croyable,
> Fuyant le mal s'était précipité [1].

Quant aux deux autres dont la chronique ne parle pas, la tradition rapporte qu'il y en eut un qui se fit ermite, et que le dernier expira de lassitude après avoir pendant huit jours, sans discontinuer, monté et descendu rapidement une haute échelle.

Il existe plusieurs volumes sur les nombreux miracles dont cette ville fut le théâtre et dont saint Vorle a été le principal acteur au temps du roi Gontran. Saint Bernard, petit-fils d'un comte de Châtillon, illustra aussi sa patrie par des actes miraculeux,

---

[1] La maladie dont ces malheureux furent atteints était probablement l'*ignis infernalis*, déjà connu au douzième siècle sous le nom de *feu Saint-Antoine*, et cette dernière qualification se rattache selon toute apparence à quelque tradition du même genre.

CHATILLON.

et c'est à lui que l'image de la Vierge de la cathédrale donna, dit-on, trois gouttes de lait, dont la suavité lui inspira l'hymne magnifique : *Ave maris stella*.

Mais si Châtillon est célèbre dans nos anciennes annales religieuses, il ne l'est pas moins dans notre histoire civile. Dès le temps de la seconde race de nos rois, les premiers ducs de Bourgogne y fixèrent souvent leur séjour, et ils y possédèrent un château. Plusieurs fois pris et repris dans les temps de guerre civile ou d'invasion, il fut notamment assiégé en 1186, par Philippe-Auguste, qui s'en empara. C'est à l'occasion de ce mémorable événement qu'une vieille chronique fait l'éloge suivant de cette ville :

> De plus ung biax chasteau qu'on nomme Chastillon,
> Qui sert aux Bourguignons d'honour et de frontière,
> Est ung noble et grand bourg moult moins large que long,
> Où leur royolme met son fort et sa barrière.
> La Seine, ce biax fleuve, eschappé du berceau,
> Qui lui donne à dix lieues plus hault son origine,
> Partaige égaument et la ville et le chasteau,
> Et les lave touts deux de son eau cristalline.

De nos jours Napoléon, sentant l'importance de cette ville et l'avantage de sa position, ordonna par un décret de 1805 que la Seine y fût rendue navigable. Mais le fleuve s'est montré rebelle à cette volonté qui soumettait le monde, et le projet de canalisation est demeuré sans résultat, au grand regret des négociants en vins dont le commerce eût pris alors un essor plus grand et plus libre. En 1814, les alliés et l'empereur tinrent un congrès dans cette ville, et plus heureuse que la plupart de ses voisines, elle participa au calme solennel d'une cour diplomatique, tandis que celles-là étaient la proie des flammes ou le théâtre de sanglants combats.

Entre le pont et l'issue de la ville, la Seine borde une belle promenade, et laisse à sa droite le moderne château du duc de Raguse, qui a fait pour ce beau séjour des dépenses considérables dont il n'a pas recueilli le fruit. On voit aussi, du même côté, s'élever une haute colline où subsistent encore les ruines imposantes de l'antique château des premiers ducs de Bourgogne. Derrière elle est une roche caverneuse, dont la cime est ornée d'une plantation d'arbres qui produit un bel effet de perspective, et dont le sein renferme les secrets réservoirs d'une grande source. C'est la Douix qui, comme la Sorgue de Vaucluse, sort du pied d'un rocher, et coule, sinon avec la même abondance, du moins avec la même limpidité. Sa largeur est à peu près, en tout temps, de 15 à

18 pieds, et son cours est d'une lieue. Elle double en hiver le volume des eaux du fleuve; en été elle remplit à elle seule, comme nous l'avons déjà dit plus haut, son lit desséché par les terrains spongieux qu'il traverse.

Après avoir fait un grand détour vers la gauche, en s'éloignant de Châtillon, la SEINE, lasse de voyager dans des lieux solitaires, se hâte d'arroser Sainte-Colombe et revient gagner à Courcelles la grande route de Paris. Puis elle baigne de sa rive gauche Pothières où se trouve une antique abbaye, et reçoit sur sa droite un petit ruisseau auprès de Charey, situé pittoresquement entre le ruisseau, le fleuve et la grande route, comme dans une presqu'île. Enfin, au-dessous de Gommeville, nous franchissons les limites du département de la Côte-d'Or, et nous entrons dans celui de l'Aube.

Mussy, célèbre par son commerce de vins, n'est plus qu'à un quart de lieue devant nous. Mussy renfermait autrefois un château appartenant aux évêques de Langres, qui étaient les seigneurs temporels de la contrée. Cet édifice, dont on voit encore les ruines, fut détruit en 1793, mais la ville a néanmoins conservé le surnom de *l'Évêque*, qu'elle portait alors. Placée jadis sur la frontière de deux provinces, comme elle l'est aujourd'hui sur celle de deux départements, elle fut tour à tour comprise par les géographes dans le territoire champenois et dans le pays de la Montagne. Mais elle a généralement, et avec raison, suivi la destinée du comté de Bar, qui, quoique enclavé dans la Champagne, est toujours resté uni au duché de Bourgogne, depuis le traité d'Arras de 1435, où Charles VII fut obligé de racheter, par la donation du Barrois, l'alliance et la fidélité intéressée de Philippe-le-Bon, qui s'était vendu à l'Angleterre.

En quittant Mussy, la SEINE laisse à sa droite la grande route de Paris, et une colline dont la cime est couronnée d'arbres magnifiques; c'était une promenade plantée par les évêques de Langres et dépendante de leur château. Maintenant elle appartient à la ville, et sert de rendez-vous à ses fêtes. De son extrémité, on aperçoit les nombreuses sinuosités que la SEINE fait dès son entrée dans le département de l'Aube. La route qui passe à ses pieds est assez égale; mais elle devient très-bourbeuse à cause de la mauvaise qualité des matériaux qui servent à son entretien, et du grand roulage qui la foule sans cesse, comme principale route de Paris à Dijon, Besançon et Genève, quoique reléguée dans le troisième rang par le décret de classification. Les collines qui bordent le fleuve cessent d'être couvertes de vignobles sur leur penchant, et de bois sur leur sommet. Le sol, de calcaire qu'il était dans la Côte-d'Or, devient craieux et presque infertile ; mais la cause elle-même de son aridité fournit à cette contrée une de ses principales ressources. Connue sous le nom de blanc d'Espagne, et plus justement appelée *Blanc de Troyes*, la craie qu'on en tire se répand dans toute l'Europe, et forme une des plus importantes branches du commerce du pays.

Bientôt Courteron, Gyé et Neuville, placés tous trois sur le bord de la route de Paris, à peu de distance les uns des autres, viennent appuyer leur extrémité sur la rive droite de la Seine, tandis que la rive gauche arrose successivement Buxeuil, Polizy et Polizot. Renommé par ses vins et ses fromages, le village de Polizy possède un superbe château, situé au confluent de la Laigne et de la Seine, dans la position la plus agréable et la plus pittoresque, à l'extrémité d'une avenue qui a plus d'un quart de lieue de longueur. Le fleuve baigne, auprès de Polizot, les pieds du mont Chavet, et commence à être flottable pour les trains et les radeaux. Il passe ensuite au-dessous d'une belle papeterie, et arrive à un pont où la grande route de Paris le traverse pour la troisième fois, et reprend sa rive gauche qu'elle ne doit plus quitter qu'à Montereau, trente lieues plus loin. Nous sommes presque aux portes de Bar, qu'on aperçoit déjà sur la gauche; mais avant de franchir l'enceinte de cette ville, la Seine attend que l'Ource, rivière assez forte, lui ait apporté auprès de Villeneuve les eaux d'une multitude de petites sources qu'elle a reçues dans son cours.

Entraînée par la même pente, l'Arce imite son exemple en venant aussi se confondre avec la Seine au même confluent, et les trois rivières réunies se précipitent vers la ville. De là le dicton populaire et généralement connu des habitants de la contrée :

« Ource, Arce, Laigne et Seine
« Abordent au pont Bar sur Seine. »

Après avoir franchi l'enceinte de Bar, la Seine suit à sa gauche une belle promenade, et traverse seulement l'extrémité orientale de la ville, qui consiste presque tout entière en une longue rue, dont la grande route de Paris parcourt toute l'étendue.

Cette ville, autrefois capitale d'un comté, est à présent chef-lieu de sous-préfecture. Sa position dans une vallée étroite et resserrée entre deux coteaux escarpés, en avait rendu jadis la possession importante en temps de guerre, et ses comtes, profitant des res-

BAB-SCH-SHINE.

sources que la nature leur offrait, avaient mis tous leurs soins à la fortifier. Dès le temps de Louis-le-Débonnaire on la voit jouer un grand rôle dans toutes les guerres dont la Bourgogne et la Champagne furent le théâtre; Nitard, dans sa chronique de cet empereur, la cite comme une place considérable. Plusieurs fois depuis elle éprouva toutes les horreurs d'un siége, et tous les ravages d'une ville prise d'assaut. Mais le coup le plus terrible qui fut porté à sa prospérité, c'est celui qu'elle reçut en 1359, pendant la captivité du roi Jean. Un parti d'Anglais s'empara de la ville, la ruina de fond en comble, et passa la plus grande partie des habitants au fil de l'épée. « Il y eut, dit Froissard, plus de neuf cents hostels brûlez, et la Seine fut couverte de cadavres. » Pendant les guerres de Charles VI, de Charles VII, et de la ligue, elle fut de nouveau prise et reprise plusieurs fois.

Enfin, instruits par une triste expérience, les habitants de Bar, préférant la tranquillité à la gloire, démolirent de leurs propres mains, et sans autorisation, ces murs qui faisaient tout à la fois la force et le malheur de leur patrie, et eurent recours ensuite à la clémence paternelle de Henri IV pour obtenir le pardon de cet acte audacieux. Ils ont conçu même, dit-on, une telle horreur pour les armes qu'il ne faut pas chercher d'autre cause de la décadence complète où est tombée la coutellerie autrefois si renommée de cette ville, qui ne s'occupe plus maintenant que du commerce pacifique des vins.

Des deux coteaux qui resserrent Bar dans leurs étreintes et l'empêchent de s'élargir, celui de la rive droite est dépouillé de toute verdure, l'autre à l'occident est garni de vignes et de bois. Sur ce dernier s'élève, d'une manière pittoresque, une chapelle de Notre-Dame, qui produit un charmant effet au milieu du bocage dont elle est entourée. On attribue sa fondation à un miracle que les gens du pays prennent plaisir à raconter.

Derrière le château des anciens seigneurs, dans un bois appelé la Garenne des comtes, on montrait autrefois un vieux chêne, où la tradition disait qu'un bûcheron avait trouvé une petite image de la Vierge de la hauteur de la main, et représentant Notre-Dame de Pitié. Il se hâte de l'emporter à son logis où gisait sa fille atteinte d'une maladie de langueur et abandonnée par les médecins. Dès son retour, elle se trouva mieux et se rétablit en peu de temps. Cette guérison subite fut rapportée à la présence de la sainte image, et le comte enjoignit au bûcheron de la replacer où il l'avait trouvée. Le bruit de ce miracle se répandit dans les environs; une foule de pèlerins accourut de tous côtés implorer l'intercession de la Vierge, et bientôt le produit des offrandes fut assez considérable pour subvenir aux frais de la construction d'une chapelle qu'on adossa au chêne miraculeux. Le bocage qui l'entoure, semblable aux bois sacrés des anciens, a toujours été respecté avec une religieuse vénération, même dans les temps d'impiété.

La même histoire se retrouve dans un grand nombre de villages de France où le même miracle s'est peut-être accompli, et il faut avouer que cette marque signalée de la protection de la vierge pour l'enfant du bûcheron, est du moins bien douce à croire. On la raconte à Notre-Dame de l'Épine en Champagne, avec cette seule différence que l'image bienfaisante fut découverte sous un buisson d'aubépine, au lieu de l'être dans le tronc d'un arbre creusé par le temps, et ici la reconnaissance des peuples s'est manifestée par l'érection d'un des plus gracieux monuments de l'architecture chrétienne.

C'est au-dessous de ce bocage, sur le penchant de la colline, que s'élevait autrefois le château des comtes de Bar, placé à l'extrémité d'une longue pointe de terre. L'assiette en était non-seulement agréable, mais aussi très-forte et presque imprenable. Sa forme était un triangle, dont la base s'appuyait sur sa muraille orientale qui dominait Bar-sur-Seine. Il n'en restait plus au siècle dernier qu'une tour placée à la sortie de la ville, et dans laquelle on avait encadré une grosse horloge, mais cette tour n'a pas échappé aux ravages du temps.

Jusqu'à Bar, la Seine avait suivi, presque sans dévier, la direction septentrionale; au-dessous de cette ville, elle commence à incliner vers l'ouest et tend à se rapprocher en ligne droite de la capitale. Elle laisse d'abord sur sa gauche une petite plaine, où il y avait autrefois une chapelle qui portait le nom de Céré ou de Cérès, et qui avait été bâtie, dit-on, sur l'emplacement et avec les ruines d'un temple de la déesse des blés. Moins heureuse que Notre-Dame-de-Pitié, elle n'a pas été respectée comme elle dans la tourmente révolutionnaire, et ses débris eux-mêmes ont été dispersés. Le fleuve arrose ensuite successivement de sa rive droite Bourguignone, Courtenot et Fouchères, et reçoit à sa gauche la petite rivière de Sarce.

Ici finit le pays des montagnes; les pentes escarpées et les hautes croupes qui bordent la Seine s'abaissent rapidement; les flancs de la vallée s'élargissent, et nous entrons dans le bon terroir que nous ne quitterons plus désormais; car, même en traversant la **Champagne** *pouilleuse*, le bassin du fleuve nous présentera sans cesse une bande fertile et richement cultivée, dont la moindre largeur est d'une demi-lieue. Nous nous croirions déjà dans la Brie, si le moindre écart, à droite ou à gauche de la rivière, ne nous conduisait dans des terres craieuses et arides, qui ne sont plus fécondées par le limon que les inondations apportent chaque hiver dans les prairies de la vallée.

De Bourguignone, la Seine est alors devenue Champenoise, et s'énorgueillit de l'être; car ce titre qu'elle partage avec Racine, Lafontaine, Pithou, le Varron de son siècle, et l'ingénieux Grosley, Girardon, les frères Mignard, n'a rien qui ne soit honorable, malgré l'étymologie insultante qu'on a prétendu donner à un ancien proverbe, dont voici la véritable origine. Pour favoriser le commerce des moutons que faisait la Champagne, les seigneurs du pays affranchirent du droit de passage les troupeaux au-dessous de cent moutons; alors les bergers se concertèrent pour former des réunions moindres de cent têtes, et les faire ainsi passer sans rien payer. Un de ces pâtres qui conduisait quatre-vingt-dix-neuf moutons, soutenant qu'il ne devait pas le péage, le seigneur irrité de sa ruse, déclara dans sa colère que *quatre-vingt-dix-neuf moutons et un Champenois faisaient cent bêtes*, et ordonna, s'il faut en croire la tradition, que le récalcitrant fût jeté à la rivière.

Le premier bourg de Champagne que le fleuve rencontre, c'est Saint-Parre, dont les maisons sont alignées sur la grande route à une petite distance de sa rive gauche. Plus loin, auprès de Villemoyenne, la Seine se partage pour enceindre une île assez grande, et la seule que nous ayons rencontrée jusqu'ici qui ait véritablement mérité ce nom. Les deux bras du fleuve se rejoignent à Clerey, et il passe ensuite à Saint-Aventin, village dont le nom seul indique assez que la tradition doit lui prêter une origine romaine ; car tout ce qu'il y a de monuments antiques en France remonte, aux yeux du peuple, jusqu'au temps de Jules-César et de la conquête des Gaules.

A Verrières la Seine entre enfin dans la plaine riche, basse et aqueuse, où est située la ville de Troyes. Des deux côtés, sources, ruisseaux et rivières accourent apporter le tribut de leurs eaux et fertiliser les prairies. Le Lhozain, la Magne, l'Hurande et la Profonde, se versent en même temps dans le fleuve. Lui-même se multiplie et se divise en une foule de bras, dont le plus fort se détourne vers la droite et semble éviter avec dédain de traverser la capitale de la Champagne. Nous le laisserons aller arroser Pont-Saint-Hubert et Pont Sainte-Marie, espèce de faubourg de Troyes, et nous suivrons les nombreux courants qui entrent dans la ville, l'environnent de toutes parts et alimentent son commerce manufacturier; ce sont des canaux que Thibault IV, comte de Champagne fit creuser à grands frais, moins encore pour donner à l'industrie plus d'extension et d'activité que pour fortifier et embellir la ville.

Autour et au pied des remparts règnent, sous le nom de Mail, des allées d'arbres qui procurent aux habitants de Troyes une double enceinte de promenades. Dans les fossés, attenants à celles du faubourg Saint-Jacques, sont d'autres allées plus basses, taillées en berceau et arrosées, non par ces eaux bourbeuses et fétides qui croupissent ordinairement au pied de nos murailles, mais par une onde, fraîche, limpide et courante. C'est une ramification de la SEINE, qui donne à ces fossés l'apparence d'un vallon en miniature; les talus verdoyants qui le bordent en représentent les côteaux.

Ces abords charmants, et la longueur des faubourgs, donnent au voyageur l'espérance d'entrer dans une élégante cité. Mais son attente est cruellement déçue; des rues sales et étroites, des maisons de bois petites, noires et mal bâties, sont les seuls objets qui se présentent à ses regards. Cette ville possède cependant quelques édifices remarquables; des églises nombreuses, un bel Hôtel-Dieu, une maison de ville, dont la façade mérite de fixer l'attention des curieux. Mais ces monuments disparaissent dans la foule des maisons particulières, qui n'offrent ni régularité, ni formes agréables, la rareté des carrières, et la difficulté de faire venir les pierres de Châtillon, la SEINE n'étant pas navigable dans cet intervalle, contraignent les habitants de n'employer que la charpente et la pierre de craie pour leurs constructions, ce qui leur donne un aspect noir et désagréable. Nous ne parlerons pas de la boucherie de cette ville, où, dit-on, les mouches n'entrent jamais; ce phénomène, si toutefois il existe ne devant être attribué ni aux miracles, ni aux prières de saint Loup, mais à l'obscurité du lieu et à la fraîcheur qu'y entretient un courant d'air bien ménagé.

Troyes, que les anciens appelaient *Augusto-bona*, *Trecassis* et *Civitas Tricassinorum*, était au temps de Jules-César la capitale des Tricasses. Ce peuple, dans la division des Gaules par les Romains, fit partie de la Celtique, puis de la deuxième, et enfin de la cin-

TROYES.

quième Lyonnaise. Sous la domination des Francs, il forma la province de Champagne qui prit son nom des vastes plaines qu'elle renferme.

Il est facile de faire sortir de l'ancienne dénomination de *Trecassis* et *Trecæ* le nom moderne de la ville de Troyes, que quelques étymologistes hasardeux ont prétendu faire venir d'une colonie de Troyens, et que quelques autres plus sensés, mais aussi peu véridiques, rapportent au nombre des châteaux qu'elle possédait autrefois. Le principal des trois était celui des comtes; le second s'élevait derrière le couvent des Cordeliers; le troisième ruiné par un incendie en 1524, était situé entre Saint Nicolas et la porte du Beffroy, aujourd'hui porte de Paris. C'est dans ce dernier, que l'empereur Louis-le-Bègue traita le pape Jean VIII, après en avoir reçu la couronne impériale au concile assemblé dans la cathédrale. Ces châteaux étaient unis entre eux par une chaîne de remparts munis de bastions et de forts très-rapprochés. On donnait à ces fortifications une origine antique, comme l'attestent les noms de Tours de Pâris, d'Hector, d'Andromaque, et de porte de Jules-César, qu'elles reçurent sous François Ier, lorsqu'elles furent réparées et augmentées pour repousser l'invasion imminente de Charles-Quint.

Ces dénominations, tout à fait dans le goût de la Renaissance, indiquent assez que les beaux esprits contemporains aimaient à jouer sur la prétendue parenté de la capitale de Champagne et de la capitale de Phrygie. Cette manière de comprendre et d'expliquer l'origine des peuples était d'ailleurs tout à fait dans le goût d'une nation qui aimait à faire remonter la sienne à Francus ou Francion, fils d'Hector.

Dès le cinquième siècle cette ville joua un grand rôle dans nos annales. En 451, Attila s'approcha d'elle en revenant de ravager la Bourgogne. Saint Loup, son évêque, pour détourner le torrent dévastateur, alla au devant de lui à la tête de son clergé. A son arrivée au camp, le cheval de l'un des généraux barbares fut effrayé par les rayons du soleil que réfléchissaient ses habits pontificaux et les ornements sacrés qu'on portait en grande pompe. Il se cabra et se renversa sur son cavalier qui fut écrasé. Attila furieux allait ordonner la mort des malheureux députés; mais saisi de respect à leur vue, il promit à l'évêque d'épargner sa capitale. En effet, après avoir visité la ville en ami, il descendit les bords du fleuve jusqu'à Méry et Pont-sur-Seine. Plus inflexibles que le roi des Huns, les Normands prirent et ravagèrent Troyes au neuvième siècle. En 1228,

Thibaut de Champagne y soutint un siége contre les seigneurs qui voulaient enlever la régence à Blanche de Castille, dont il était le courtois chevalier. Saint Louis vint le secourir, et fit ses premières armes sous les murs de cette ville. En 1415 le duc de Bourgogne s'en empara ; Charles VII assisté de Jeanne d'Arc la reprit treize ans plus tard.

Isabeau de Bavière transféra le parlement dans cette ville en 1420, et y célébra le mariage de sa fille Catherine avec Henri, roi d'Angleterre, après avoir conclu ce traité honteux qui livrait le royaume de France aux Anglais, nos plus mortels ennemis. Charles VIII y fit une entrée solennelle à son départ pour la conquête de l'Italie ; et sous Charles IX, la saint Barthélemy y laissa des traces sanglantes ; enfin, de nos jours, Napoléon y transporta trois fois son quartier général, et en fit le centre de ses opérations pour repousser l'invasion étrangère. Il est à remarquer que dans la longue galerie des illustres guerriers qui ont paru sous les murs de Troyes, Attila et Napoléon occupent les deux extrémités.

Il y a deux faits bien curieux sur Troyes, et leur étrangeté est d'autant plus remarquable que cette ville est bâtie au milieu des eaux. L'un, c'est qu'elle n'a pas une seule fontaine, les habitants préférant pour boisson l'eau de puits à celle de la SEINE, qui leur serait sans doute bien plus salutaire, et leur épargnerait les nombreuses fièvres auxquelles ils sont sujets. L'autre, c'est qu'il n'existe pas en France une cité qui ait été plus souvent incendiée. Réduite en cendres en 1188, elle l'a été une seconde fois en 1524. Le clocher de la cathédrale a reçu huit fois la foudre, et chaque année la ville éprouve des désastres plus ou moins considérables causés par le feu. Mais, nous devons le dire à la louange de ses habitants, le nombre des pompiers y est immense et leur zèle admirable.

La SEINE portait autrefois bateau à la hauteur de Troyes; mais elle ne le peut plus depuis les nombreuses saignées qu'on lui a faites pour arroser la ville, et mettre en mouvement une foule d'usines. On a entrepris de creuser un canal pour suppléer à la navigation depuis Marcilly, mais les travaux sont encore peu avancés et il est à craindre qu'on ne les abandonne. Leur achèvement serait d'un grand avantage pour le commerce et la richesse de la Basse-Champagne, et la contrée prendrait un aspect animé qui n'attristerait plus le voyageur, comme le trajet de Troyes à Méry par la vallée de la SEINE. Tantôt un petit port animerait le paysage par son agitation et son mouvement, tantôt une barque de pêcheurs ou une gentille nacelle chargée de promeneurs viendrait égayer le regard, las de se fixer sur des prairies monotones et des îles marécageuses.

Tous les nombreux canaux de dérivation, qui traversent la ville de Troyes, se réunissent après avoir passé auprès de la porte du faubourg Saint Jacques, appelée aussi quelquefois porte de Jules César ; mais ils ne tardent pas à se diviser en une foule de ramifications nouvelles, auxquelles vient se rattacher le bras du fleuve que nous avions laissé s'éloigner de la ville, et qui s'est enrichi dans sa marche aventureuse des eaux de la petite rivière de la Barse qui prend sa source sous le château même de Vendeuvres. Les principaux de ces bras de la Seine prennent des noms particuliers. Dans Troyes, il y a le grand et le petit rû, nom générique des ruisseaux qu'on trouve fréquemment employés dans la Champagne et la Brie. Sur la rive droite du fleuve au-dessous de la ville, la Melda se détache pour arroser Sainte-Maure, Saint-Benoît et Villecerf, prend à Chauchigny le nom de Noue-des-Rondes, et s'écarte du lit principal du fleuve de plus d'une demi-lieue.

Cette multitude de courants d'eau, dirigés dans tous les sens et formant un long archipel, baigne une grande quantité de villages, tels que Lavaux, Barberey, Saint-Lié, Savières et Billy; mais le plus important de tous compte à peine quelques centaines de chaumières, d'un aspect, non-seulement chétif et pauvre, mais aussi sale et rebutant. Privés de la ressource que l'abondance des bois de charpente offrait au midi du département de l'Aube, les paysans construisent leurs habitations avec des carreaux de terre faits à l'avance et durcis à l'air, et ils les asseyent sur une maçonnerie de blocailles ou même de craie, à laquelle ils ne donnent guère qu'un pied de hauteur au-dessus du sol naturel.

Dans cet état, ces cabanes pourraient facilement être enlevées de leurs bases, et transportées d'un endroit à un autre ; ce qui avait fait proposer il y a quelques années, par un mauvais plaisant, de former une compagnie pour l'établissement d'un magasin ou entrepôt de maisons à Troyes, où chacun aurait pu aller choisir un logement à son goût et à sa convenance, et l'expédier à domicile. Il est sûr que les gens du pays auraient été souvent obligés de renouveler leurs achats ; car malgré toutes les précautions qu'on prend d'ordinaire pour éviter les atteintes de la rivière, et pour placer dans les fondations la pierre de craie la plus dure et la plus solide, les pluies et les inondations ont bientôt miné les constructions les mieux affermies en apparence, et celles qui parviennent à un siècle de durée, obtiennent dans le pays les honneurs d'une antiquité vénérable.

A la gauche de la SEINE, entre elle et la route de Paris, qui suit la vallée et la domine du haut de la plaine, coulent une foule de petits ruisseaux, et se trouvent les étangs de Barberey, de Saint-Lié et de Mégrigny. C'est au-dessous de ce dernier que le fleuve, rassemblant toutes ses forces, se creuse un lit plus large et plus profond, et entre dans Méry, où, par ordonnance royale, il devient navigable; malheureusement les bateaux considérables ne peuvent remonter le fleuve jusqu'à Méry que pendant la saison des hautes eaux.

Cette ville, chef-lieu de canton, présente un aspect charmant; son petit port est plein de mouvement; car c'est le premier qui soit ouvert sur la SEINE à la navigation, et l'on y embarque les produits que l'on apporte de tous les points du département de l'Aube. L'intérieur de la ville offre un pâté de maisons, sinon mieux bâties, du moins plus neuves et plus propres que celles de Troyes. Elle doit ce faible avantage au funeste désastre qu'elle éprouva dans le courant de février 1814. Blucher, à la tête des Prussiens, fut battu par l'armée impériale dans la plaine de Méry. Irrité de sa défaite, il voulut en faire disparaître les traces, et mit le feu à la ville, qu'il n'abandonna pas avant de s'être assuré que les flammes n'y avaient pas épargné une seule maison.

La grande route de Paris passe à une distance assez grande de Méry, comme elle le fera ensuite pour Romilly et Pont-sur-Seine. Elle aurait sans doute traversé ces trois villes, si l'on n'eût consulté que l'intérêt de leurs habitants et la curiosité des voyageurs. Mais les inondations auraient rendu pendant l'hiver cette route impraticable.

Dans les environs de Méry, se remarquent des pépinières magnifiques, et on y cultive avec succès les abeilles. Le terrain annonce par une amélioration sensible que nous approchons du riche et fertile plateau de la Brie. Le bassin du fleuve, déjà très-étendu, s'élargit encore, et se couvre d'épaisses moissons qui servent chaque année à l'approvisionnement de la capitale. La pêche y devient plus abondante, et on y trouve presque tous les poissons d'eau douce, sans en excepter la truite.

Au sortir de Méry, la Seine change de direction et va droit de l'est à l'ouest. Elle semble éviter d'entrer dans le département de la Marne, qu'elle cotoie un instant de sa rive droite. Cependant elle détache de son cours le canal Sauvage, celui des Moulins, et plusieurs autres bras qu'elle envoie au-devant de l'Aube pour la recevoir. Entraînée par la pente du terrain, l'Aube vient se jeter dans les bras du fleuve, à l'extrémité méridionale du département de la Marne, près de Saron et de Marcilly, comme nous l'apprennent les paysans de la contrée dans une de ces phrases rimées qui pourraient bien avoir donné au père Buffier l'idée de la géographie technique :

Entre Marcilly et Saron
Le fleuve d'Aube perd son nom.

Cette rivière dont jusqu'ici le cours avait eu plus de longueur que celui de la SEINE, et qui était navigable depuis plus longtemps, a mérité par son importance de donner son nom au département de l'Aube. Mais elle se jette d'une manière trop apparente dans la SEINE, pour qu'il y ait jamais eu à douter que ce fût elle qui dût perdre ici son nom et son existence.

Tandis que les canaux de la SEINE reçoivent l'Aube à Marcilly, le lit principal du fleuve s'appuie toujours sur la gauche, tandis que celui-ci laisse s'échapper de son sein plusieurs bras qui vont les rejoindre.

Au confluent d'une de ces ramifications transversales, s'étend Romilly, bourg considérable de près d'une lieue de longueur sur la rive gauche. Des fabriques d'aiguilles et de bonneterie font sa richesse et sa principale branche de commerce. On y remarque un château magnifique, environné de belles plantations de peupliers avec un parc traversé de plusieurs canaux ombragés. Il appartient à un riche banquier, comme la plupart des châteaux.

La SEINE gagne ensuite l'abbaye de Sellières, où les restes de Voltaire furent déposés en 1778 par les soins d'un M. Mignot, son neveu, qui en était alors abbé. Mais, treize ans plus tard, l'assemblée nationale, jalouse de cette possession, ordonna que le corps de ce grand écrivain fût transporté au Panthéon. Chose étrange! celui qui n'avait consacré sa vie qu'à saper les fondements du christianisme et qu'à *écraser l'infâme,* comme il le disait lui-même, celui-là devait après sa mort obtenir deux fois un abri pour ses cendres, la première dans le sanctuaire d'une abbaye, la seconde, dans les caveaux du plus magnifique de nos temples.

Enfin, au-delà de Crancey, tous les bras de la SEINE se réunissent, et le fleuve offre alors aux regards un aspect plus imposant. Ici, nous le pouvons sans crainte, quittons le marche-pied du fleuve désormais navigable, montons dans cette nacelle qui nous y invite, et laissons-nous emporter par le courant dans cette jolie embarcation. Devant nous est le bourg de Pont-sur-Seine, dont l'existence remonte à une haute antiquité. C'est dans son voisinage que l'armée d'Attila fut taillée en pièces par Aétius. Chilpéric campa sous ses murs lorsqu'il marcha à la rencontre de Sigebert posté à Arcis-sur-Aube. Louis XIII donna ce bourg à Louise de Guise, veuve de François de Bourbon, prince de Conti; elle le vendit au surintendant Bouthillier de Chavigny, qui y fit bâtir un superbe château sur les plans de Lemuet. Il était composé de quatre corps de bâtiments à deux étages symétriques, occupés aux angles par des pavillons carrés. Sous l'empire, il appartint à la mère de Bonaparte; cet honneur a causé sa ruine; les alliés ont brûlé et renversé cet édifice. Le bourg lui-même eut beaucoup à souffrir de l'invasion; mais comme Méry il s'est relevé de ses ruines.

Louis XVIII, pour consoler Pont-sur-Seine des malheurs incalculables que lui avait causés le passage des alliés, lui accorda le titre de ville et lui imposa le nom de Pont-le-Roi. C'était perpétuer le souvenir de ses maux, au lieu de les soulager. Aussi, malgré la volonté royale, le bourg garda son ancien surnom dont il était plus fier ; mais la vanité ne perdit rien à cette démonstration d'indépendance, et Pont-sur-Seine conserva en même temps son nouveau rang parmi les villes.

Près de la Seine, à l'est de Pont-le-Roi, sont de grosses pierres brutes, dont quelques-unes ont jusqu'à vingt-quatre pieds de circonférence. On croit qu'elles ont été des autels druidiques, ou des monuments élevés par Attila sur le champ de bataille, pour faire des sacrifices. On a aussi trouvé dans les environs quelques tombeaux qu'on dit romains ; mais les armures et les médailles qu'ils renfermaient ne nous permettent pas de leur attribuer une origine aussi reculée.

Le fleuve, après avoir passé au village de Marnay, détache sur la droite le canal de Courtavant, qui rend navigable la rivière de Villenoxe ; puis il se partage en deux bras, dont le moindre prend le nom de vieille Seine, se subdivise en plusieurs branches, et va inonder les immenses prairies qui s'étendent au nord de Nogent et de Bray. L'autre continue sa route vers Nogent et reçoit l'Ardusson, petite rivière pleine de souvenirs pour le voyageur sentimental. C'est sur ses bords que vint chercher un asile l'infortuné Abeilard,

NOGENT-SUR-SEINE.

qui naquit aux persécutions quand il mourut à l'amour. Il y construisit une petite chapelle en feuillages, et il l'appela le *Paraclet*, soit en l'honneur du Saint-Esprit auquel ses ennemis l'accusaient de ne pas croire, soit par allusion au mot grec *Paraclesis*, consolation, parce que c'était le premier lieu où il eût trouvé un asile contre la méchanceté des hommes; mais la haine et l'envie le poursuivirent jusque dans sa retraite, où sa réputation lui avait attiré une foule de disciples. Forcé de la quitter, il appela Héloïse, qui s'y rendit avec ses compagnes, et y établit la fameuse abbaye du Paraclet. Ainsi les souvenirs de l'amour présidèrent à la fondation d'un asile de piété, et cela dut arriver plus d'une fois. Après la mort d'Abeilard, Héloïse obtint que le corps de son amant lui fût rapporté de Châlons, et un même tombeau réunit dans la mort les restes de ces époux malheureux que la vie n'avait pu réunir.

Nogent nous offrira des souvenirs d'un autre genre. Cette petite ville, située sur les confins de la Champagne, appartenait, au neuvième siècle, aux abbés de Saint-Denis; elle passa ensuite dans le domaine royal, dont elle fut distraite en faveur du surintendant Bouthillier de Chavigny, qui la vendit à la famille des

Noailles ses derniers propriétaires. Napoléon se trouvait à Nogent en 1814, quand il apprit que, sans égard aux propositions qui devaient servir de base aux négociations du congrès de Châtillon, les alliés, à l'instigation de l'Angleterre, exigeaient de la France qu'elle rentrât dans ses anciennes limites de 1792. Irrité de cette prétention, l'empereur reprit les armes, battit ses adversaires en cinq endroits et les repoussa de toutes parts ; car partout où l'empereur était alors, dans cette dernière lutte de sa fortune contre l'inflexible nécessité des événements, la victoire n'osait avoir de caprices, et ne savait qu'obéir aux ordres de son maître. Mais il ne pouvait se multiplier, et l'ennemi, repoussé par un chemin, s'en ouvrait bientôt un autre.

En quittant Nogent-sur-Seine, pour voler au secours d'une autre ligne, Bonaparte avait fait mettre la ville à l'abri d'un coup de main ; toutes les maisons qui donnaient sur la campagne avaient été crénelées, et des artifices étaient préparés pour faire sauter les ponts. Le général de Bourmont fut chargé de la défense de cette place et s'en acquitta honorablement. Il résista trois jours à l'armée du prince de Schwartzemberg, et n'abandonna la ville qu'à la dernière extrémité, après avoir fait sauter les ponts, et lorsqu'une grande partie des maisons criblées par les boulets n'offraient plus qu'un monceau de ruines. Les ponts de Nogent étaient cités pour la beauté de leur construction et la hardiesse de leurs voûtes. On y admirait surtout une arche de trente-trois mètres d'ouverture, construite sur les dessins de Péronnet.

La ville a été totalement restaurée, et il n'y reste plus de traces des ravages de l'ennemi. Elle possède des promenades charmantes sur les bords de la SEINE et un petit port plein d'activité. Les deux bras du fleuve sont bordés de plantations, de jardins et de maisons gracieuses, surtout dans l'île étroite qu'ils embrassent.

La SEINE, au sortir de Nogent, conserve le même aspect qu'à son entrée dans cette ville. A sa gauche de petites collines bordent son bassin et le rétrécissent. Ne rencontrant pas d'obstacles à sa droite, elle continue à se répandre dans la plaine basse et aqueuse qui s'étend jusqu'à Bray. Ces terres d'alluvion qui ont plusieurs lieues de largeur produisent de très-bons fourrages dont on expédie l'excédant par la SEINE pour approvisionner la capitale.

La grande route de Dijon à Paris a quitté dans Nogent les bords du fleuve pour aller traverser Provins et tout le plateau de la Brie. Mais elle a laissé à son départ le route royale de Mézières à Orléans, qui continue à suivre la rive gauche de la SEINE jusqu'à Montereau et qui sert de lisière à la chaîne de collines dont toute la vallée est bordée sans interruption.

Après avoir arrosé La Motte-Tilly et Courceroy, le fleuve quitte à Villiers la Champagne et l'Aube pour entrer dans la Brie et le département de SEINE-ET-MARNE. La petite rivière de Lorrin sert de limites à ces divisions géographiques et se jette dans la SEINE par une double embouchure dont le deuxième bras arrose l'extrémité de Villiers. A la hauteur de Noyen, l'île immense qu'elle forme est ombragée par quelques bois situés au milieu des prairies et sujets, comme toute la plaine, aux inondations du fleuve. Il a y quelques jours à peine que la vallée, large de plus de trois lieues, offrait l'aspect d'un grand lac dont la surface était dominée par la cime des arbres plongés dans le courant de toute la hauteur de leurs tiges et qui venaient y baigner la pointe de leurs rameaux.

La SEINE arrose ensuite le village de Jaulnes, dont le nom indique peut-être la couleur de son territoire. La, disent quelques historiens, se livra une bataille entre Charles-le-Chauve et Louis-le-Germanique, d'un côté, et Lothaire, leur frère aîné. Cette bataille fut bientôt suivie de celle de Fontenay, qui termina la querelle. Le carnage fut horrible dans ces deux journées; on estime qu'il n'y périt pas moins de cent mille hommes. La noblesse de Champagne surtout y fit des pertes immenses et fut presque entièrement détruite. Aussi depuis cette époque fut-il établi dans la coutume de cette province que *le ventre anoblissait*, anomalie singulière dans les lois, mais qui a ici quelque chose de glorieux et de touchant. La noblesse champenoise n'avait pas suffi aux batailles.

Au-dessous de Jaulnes la Seine entre à Bray; c'est la première ville qu'elle rencontre depuis qu'elle a quitté la Champagne. La Brie dont la Seine traverse la partie méridionale, faisait partie, du temps des Romains, de la Quatrième Lyonnaise. C'était un pays couvert de forêts qui fournissaient beaucoup de bois à la construction des navires. Il s'étendait du confluent de la Seine et de la Marne jusqu'au duché de Bourgogne. La plupart des étymologistes ont reconnu avec Du Cange que le nom des pays de Bray et de Brie venait du bas-latin *Braïa* ou *Braïum*, qui désigne ce limon fertile que les eaux abondantes déposent sur leur passage, et il n'y a aucune probabilité à l'opinion qui le fait dériver du français *abri* par allusion aux forêts dont il était couvert, et par opposition au nom de Champagne, dont le nom signifiait une terre basse et découverte. Quoi qu'il en soit, cette seconde étymologie ne pourrait nullement s'appliquer à la ville de Bray, qui portait le même nom latin que Brie-Comte-Robert, et qui est située au pied d'une petite colline de tout temps dénuée d'ombrages.

Cette ville, dont l'origine remonte au temps des Romains, faisait partie du domaine des comtes de Champagne et dépendait de la Brie champenoise. Thibault, quatrième comte de ce nom, la céda au roi saint Louis et elle resta la propriété de ses successeurs jusqu'en 1404, où le roi de Navarre l'acheta de Charles VI. Elle passa ensuite par achat au comte de Dunois, de là, par mariage, à la maison de Nemours, qui la vendit au président de Mesme, enfin, également par alliance, à la famille de Mortemart.

La SEINE, après avoir quitté Bray, passe à Mouy, où elle rappelle à elle toutes les ramifications qu'elle avait laissées se répandre sur sa droite au-dessus de Nogent. Au même confluent arrive la Voulzie, petite rivière qui fait mouvoir une grande quantité d'usines, tant à Provins que dans les environs de cette ville. La vallée, devenue moins marécageuse, perd ici une partie de sa largeur. Après avoir reçu, entre la Tombe et Marolles, la petite rivière de la *Vieille-Seine*, le fleuve coule dans un lit bordé de hauteurs à sa droite ;

MONTEREAL.

mais la plaine regagne sur l'autre rive ce qu'elle perd sur celle-ci.

Nous entrons dans Montereau où l'Yonne se jette dans la SEINE, comme l'indique le surnom de *Faut-Yonne* que porte cette ville. (*Faut* est la troisième personne du singulier, au présent de l'indicatif du verbe faillir.) En effet, l'Yonne manque ou finit ici. Quant au nom de Montereau, il vient de *Monasteriolum*, petit monastère. La double dénomination de cette ville signifie donc petit monastère à l'embouchure de l'Yonne. Cette rivière descendue de la partie orientale du département de la Nièvre, flottable en train depuis Clamecy, navigable depuis Auxerre, arrose Joigny et Sens et entre à Villeneuve-la-Guiard, dans le département de SEINE-ET-MARNE, où elle n'a pas cinq lieues de cours.

Les environs de Montereau offrent un beau pays de chasse; aussi nos rois de la première race y venaient très-souvent, et y avaient une maison de plaisance.

Moret et Fontainebleau lui ont ravi depuis longtemps cet honneur, mais ils n'ont pas pu le dépouiller d'un autre genre de célébrité. Sur le pont que nous allons franchir, le pavé plusieurs fois ensanglanté, rappelle de grands souvenirs; c'est là qu'eut lieu la conférence tragique du dauphin Charles (VII) et de

Jean-sans-Peur, duc de Bourgogne. Dans la crainte de quelque embûche, celui-ci hésita longtemps à quitter Bray et à s'avancer jusqu'à Montereau. Les conseils de madame de Giac, sa maîtresse, et les pressantes sollicitations du dauphin triomphèrent de ses craintes. Il se rendit à l'entrevue, et l'assassin du duc d'Orléans fut lui-même traîtreusement massacré par Tanneguy Duchâtel, qui lui chercha querelle, à l'instigation de Charles, et lui fendit le crâne d'un coup de hache. Pendant longtemps l'épée de ce prince malheureux et coupable fut suspendue dans l'église de Montereau. Elle disparut à la révolution et a été depuis remplacée par un simulacre en bois. Ses restes furent portés à la Chartreuse de Dijon, et sa tête offrait encore au siècle dernier des traces de sa blessure. François Ier en la voyant fit, dit-on, la remarque que *le trou* lui semblait *bien grand. C'est*, répondit un moine, *le trou par lequel les Anglais sont entrés en France*. En effet cet événement tragique ranima les fureurs de la guerre civile et de l'invasion étrangère.

Ce pont fut depuis réhabilité par Napoléon, qui s'y couvrit de gloire en foudroyant les ennemis de notre pays et en rougissant l'Yonne et la SEINE d'un sang loyalement répandu. Victorieux à Mormant et Nangis, l'empereur, poursuivant ses succès, attaqua près de

Montereau le prince de Wurtemberg, qui, après avoir pris Moret, venait de réunir ses forces dans la plaine située au confluent de l'Yonne ; les vainqueurs de Moret reculèrent, les alliés étonnés demandèrent la paix ; mais Napoléon, entraîné par son mauvais destin, rejeta leurs propositions.

Bien que la Seine fût déjà navigable depuis Méry, qu'elle eût reçu ensuite l'Aube et la Voulzie, elle est encore si peu considérable qu'on ne l'appelle que petite Seine, et que la navigation y est souvent interrompue dans les temps de sécheresse. Elle n'acquiert vraiment l'importance d'un fleuve que par sa jonction avec l'Yonne. Alors sa rive droite continue à être bordée de collines qui dérobent à la vue les plaines fertiles et couvertes de riches moissons que renferme la Brie. Mais sa rive gauche offre un aspect tout différent ; c'est un sol aride couvert de roches et de bruyères qui semblent justifier le nom de Gatine (de *vasto*, ravager) que portait jadis cette contrée. Cependant le travail et l'industrie de l'homme ont su vaincre la froide stérilité du terrain, et des coteaux qui recommencent à border la Seine depuis Varennes et la Grande-Paroisse et qui semblent destinés par la nature à ne produire que des ronces et des plantes sauvages, s'élèvent des treilles admirables dont les fruits délicieux sont l'ornement des tables les plus somptueuses.

Trois lieues au-dessous du confluent de l'Yonne, la SEINE reçoit le Loing, petite rivière qui vient de Saint-Sauveur, département de l'Yonne, et dont le cours a trente lieues. Sa principale importance est d'alimenter le canal de Loing qui joint la SEINE à la Loire. Il fut creusé sous Henri IV, qui en conçut lui-même le projet. Ce canal commence à la hauteur de Buges au-dessous de Montargis, et se forme de la réunion des canaux de Briare et d'Orléans qui viennent de deux points différents de la Loire. Il suit le cours de la rivière du Loing, qui tantôt court à sa droite et tantôt à sa gauche, et avec laquelle il se confond plusieurs fois. Entré dans le département de SEINE-ET-MARNE, ils passent tous deux à Nemours et à Moret, et se jettent ensemble dans la SEINE, vis-à-vis Saint-Mammès.

Non loin de leur confluent se voient encore des fondations appelées le vieux Moret, sur les limites anciennes du Gatinais et du Hurepoix. Ces ruines à peine apparentes datent de plus de douze siècles. Était-ce là que se trouvait jadis la ville, bourg ou hameau de Luto-fao ou Leucofao, qui, effacé de la carte et presque du souvenir, a été confondu avec

Dormelles-sur-Orvane, où Théodoric, roi de Bourgogne, et Théodeberg, roi d'Austrasie, livrèrent la bataille à Clotaire, Roi de Paris.

La Seine, grossie par le Loing, poursuit sa route dans une étroite vallée dont les coteaux sont couronnés de bois. A gauche est la forêt de Fontainebleau, à droite celles de Valence et de Champagne, antiques restes de ces forêts primitives dont furent jadis couvertes les Gaules et principalement la Brie et le Gatinais. Sur la lisière de ces forêts, les villages de Champagne, de Thomery (aux belles treilles) et de Samoreau dominent le bassin du fleuve. Vis-à-vis le dernier des trois la rive s'élargit sur la gauche et une étroite vallée qui s'en échappe va s'égarer au centre de la forêt, puis se développe et s'étend jusqu'à Fontainebleau, qu'on aperçoit dans le fond entre deux coteaux chargés de vignes.

La Seine se resserre bientôt entre deux horizons plus bornés et passe sous le pont de Valvin. Ce pont est dû presque entièrement à la munificence de Louis XVIII, qui fournit tous les bois nécessaires à sa construction. Il remplace un ancien pont dont on voit les ruines un peu plus bas sous Samois et Héricy. Ces deux villages placés à mi-route de Moret à Melun sur l'une et l'autre rive, devaient à l'avantage de leur position, avant la fondation de Fontainebleau, une importance qu'ils ont perdue. Le nom de Samois que l'on a donné à la plus ancienne porte de Moret supposerait même à ce village une assez haute antiquité. Quand Louis-le-Jeune fit bâtir la chapelle de Saint-Saturnin, qui fut l'origine de Fontainebleau, il accorda à son chapelain, par une chartre de 1169, six muids de vin, mesure de Samois, à prendre dans son clos d'Héricy. Si le vin *y défault*, y est-il dit, il y sera suppléé par celui de Samois, ce qui prouve l'ancienne renommée de ces vignobles. C'est auprès de Samois que se noyèrent en se baignant les deux comtes de Sancerre, frères jumeaux de la race royale; un même jour les avait vus naître, un même jour les vit mourir, une même tombe les réunit dans l'église de l'abbaye de Barbeaux.

Quant au village d'Héricy, il fut une petite ville entourée de murs dont on voit encore quelques vestiges. Ce village communiquait avec Samois par un beau pont de pierre dont les restes viennent de nous occuper un instant. On attribue sa construction aux Romains et sa ruine à Louis XI, qui le fit détruire pour se mettre à l'abri des Bourguignons, avec lesquels il était en guerre. L'ancien château d'Héricy appartenait à la famille d'Henriette d'Entragues, marquise de Verneuil, qui possédait près de là le château de Graville. On voit encore dans ce dernier un tour de lit et quelques meubles du temps.

Sur la rive droite de la SEINE, à l'angle de deux coteaux dont l'un borde le fleuve et l'autre un petit ruisseau qui vient s'y jeter, s'élevait autrefois la fameuse abbaye de Barbeau, fondée par Louis VII, à Seine-Port, au-dessous de Melun, puis transférée en ce lieu sur les limites du territoire d'Héricy et de Fontaine-le-Port. On ignore le véritable motif de la fondation de cette abbaye, qui fut construite avec une magnificence vraiment royale. Quelques-uns affirment que Louis VII l'entreprit en mémoire d'un barbeau qu'il pêcha en cet endroit et qui avait une pierre précieuse dans les intestins. D'autres prétendent que ce fut sur les instances d'Alix de Champagne, sa seconde femme, que ce prince fit bâtir Barbeau pour remercier Dieu de lui avoir donné son fils, qui depuis fut Philippe-Auguste. Mais c'est une erreur, puisque ce prince naquit en 1165, c'est-à-dire vingt ans après la fondation de l'abbaye. L'église de Barbeau renfermait le tombeau de Louis VII, qui avait demandé à y être enterré. Charles IX eut la curiosité de faire ouvrir la tombe, et on trouva le corps assez bien conservé. Le cardinal de Fustemberg fit restaurer ce tombeau avec le plus grand soin. L'abbé de Rastignac, dernier titulaire de cette abbaye, qui renfermait encore d'autres monuments remarquables, l'avait fait reconstruire entièrement. Tout est nivelé maintenant. L'église a été démolie et les bâtiments du cloître furent, sous le régime impérial, donnés à la Légion-d'Honneur pour en faire une maison d'éducation des orphelines de l'ordre. Ils sont devenus la propriété d'un simple particulier.

Au nord de Barbeau commence une forêt qui couronne la colline et s'étend jusqu'à Fontaine-le-Port, village dont la situation est, comme celle de l'abbaye, à l'embouchure d'un petit ruisseau.

Le fleuve change ici de direction, tourne à l'ouest, passe au hameau de Massoury sur la lisière du *Buisson* de ce nom, et va baigner Chartrettes. On prétend, sur la foi d'une consonnance fort peu étymologique, que ce nom qui signifie réellement *petit château*, s'est formé de celui de *chère retraite*, et en effet, rien n'est si agréable que ce village. De la position élevée qu'il occupe sur la rive droite de la SEINE, on jouit d'une vue délicieuse, qu'embellissent encore les nombreuses sinuosités du fleuve qui borde la partie septentrionale de la forêt de Fontainebleau. On remarque à Char-

CHATEAU DE PENY.

trettes le château du *Pré*, l'une des nombreuses résidences de Gabrielle d'Estrées.

Plus loin, sur la même hauteur, apparaît le village de Livry, dont le château a été quelque temps la propriété de la famille de la Ferronays. A l'opposite de Livry, la Seine longe de sa rive gauche la longue terrasse d'un château ; c'est celui de la Rochette, village qui doit son nom à l'aridité du terrain. Le sol n'était couvert, en effet, que de bruyères stériles quand M. Moreau, en 1760, entreprit de les défricher. Il employa à ce travail les enfants des Hospices que le gouvernement lui confia. Des bois superbes eurent bientôt remplacé les landes infructueuses. La Rochette est actuellement le rendez-vous des promeneurs de Melun.

Enfin, en arrivant à cette ville, sur les collines qui dominent la rive droite de la Seine, s'élève le château de Pény, autrefois fief dominant du village de Vaux, qui en a pris son surnom. Ce domaine fut longtemps possédé par une famille de ce nom qui s'éteignit vers le milieu du 15e siècle, dans la personne de Pierre ou Perrinet de Pény. La seigneurie passa alors par mariage dans la maison de Guerchy et fut acquise en 1558 par Tristan, marquis de Rostaing, gouverneur de Melun. Ce seigneur affectionnait beaucoup sa terre de Vaux-le-Pény, qu'il augmenta considérablement. Le dernier mâle de sa race ayant été tué dans le fameux duel du duc de Nemours contre le duc de Beaufort, la terre échut à madame de Lavardin, qu'illustra l'amitié de madame de Sévigné. En 1728 cette terre fut achetée par M. Fréteau, secrétaire de la Grande-Chancellerie, dont le fils fit démolir l'ancien château, et bâtit en 1766 celui qui se voit actuellement. C'est en ce lieu que M. Fréteau de Saint-Just, conseiller au Parlement de Paris, fut exilé au sortir de la citadelle de Doulens où il avait été enfermé. C'est là qu'il se retira après la dissolution de l'assemblée constituante où il avait été député par la noblesse de Melun et de Moret, et où il occupa deux fois le fauteuil de la présidence ; c'est de là enfin qu'il fut entraîné dans les prisons de la terreur, d'où il ne sortit que pour périr sur l'échafaud.

Le château de Pény est maintenant possédé par M. Fréteau, baron de Pény, pair de France, conseiller à la Cour de Cassation. Situé au milieu d'un vaste parc que son propriétaire actuel s'est plu à embellir d'après les dessins des meilleurs paysagistes, ce château domine tout le pays. Des fenêtres du salon on jouit d'une des plus belles vues que puisse of-

MELUN.

frir le cours de la SEINE. On voit ce fleuve sortir, à gauche, des profondeurs de la forêt de Fontainebleau, traverser des prairies charmantes encadrées par des hauteurs couronnées de bois et de vignobles et ornées de riantes habitations. En face, ses rives abaissées découvrent une vaste plaine semée, aussi loin que la vue peut s'étendre, de villages et de maisons de campagne. A droite, la SEINE s'enfonce sous les arches du double pont de Melun et reparaît encore au-delà de la ville en fuyant vers Paris.

En entrant dans Melun, la SEINE se partage en deux bras, et divise cette ville comme Paris en trois parties, la Cité, le quartier Saint-Ambroise et le quartier Saint-Aspais. De là les folles prétentions de quelques personnes qui soutiennent que la capitale a été construite sur ce modèle, et le proverbe non moins ridicule, *après Melun, Paris*, qui voudrait en faire la première de nos cités. Son origine remonte, il est vrai, à une haute antiquité; César, qui l'appelle *Melodunum* au 7e livre de ses Mémoires, en fit pendant quelque temps le centre de ses opérations militaires. De ce nom latin est venu celui qu'elle porte actuellement. On ne sait rien de précis sur ses commencements, car il serait absurde de dire qu'une reine d'Égypte, nommée Io, se soit arrêtée, en parcourant le monde, dans l'île que forme la Seine en cet endroit, pour y jeter les fondements d'une ville qui porta d'abord le nom d'Isis, sous lequel la reine égyptienne avait été déifiée. Comme on supposait que cette divinité avait été l'objet d'un culte spécial des premiers habitants de Melun, on chercha s'il n'existait pas de vestiges de quelques édifices consacrés à cet usage. On crut les avoir trouvés dans les restes d'un bâtiment que l'on voit près de Notre-Dame. Mais ces ruines ne datent que du 10ᵉ siècle.

Melun était jadis une ville forte que protégeait un château construit dans la partie septentrionale de l'île. Ce château fut souvent habité par nos rois et vit s'accomplir dans ses murs plusieurs événements importants de notre histoire. Ce fut là que la trop fameuse Isabelle de Bavière vint se réfugier lorsque l'approche des Armagnacs la força de fuir Paris. Cette forteresse, malgré l'importance dont elle a joui long-temps, a partagé le sort de tant de monuments du pouvoir féodal. Charles IX est le dernier souverain qui l'ait habitée. Depuis ce prince on négligea de l'entretenir. Lorsque Louis XIV séjourna à Melun, l'ancien château royal fut jugé entièrement inhabitable, et le grand roi se vit forcé de loger dans une maison de Fouquet, alors vicomte de Melun. Les dernières ruines de cet édifice viennent de disparaître, et il n'en reste que le bas d'une tour qui sert actuellement au bureau de l'administration des coches. Bizarre changement de fortune!

La ville de Melun a soutenu plusieurs siéges. L'on peut citer entre autres celui de 1419, que le roi d'Angleterre et le duc de Bourgogne, traînant à leur suite l'infortuné Charles VI, entreprirent dans leur guerre contre le Dauphin. La ville, défendue par Barbazan et une faible garnison, résista six mois aux attaques de l'armée ennemie. Les combats corps à corps que se livrèrent les chevaliers anglais et français dans les mines creusées sous le faubourg de Bièvre donnent à ce siége un intérêt tout particulier, comme on peut s'en convaincre en parcourant les mémoires de Juvénal des Ursins. Du temps de la ligue, **Melun**, resté fidèle au roi, eut à se défendre contre quelques attaques des ligueurs. Enfin, en 1814, la ville entendit gronder à ses portes le canon des alliés.

La population de Melun s'accroît avec rapidité; elle a doublé depuis un demi-siècle. Grâce aux bienfaits d'une administration active et éclairée, des rues larges, des places assez vastes, des quais magnifiques ont remplacé des rues étroites et petites, que naguère encombraient d'ignobles maisons. Les deux grandes routes de Genève et d'Italie se croisent en cette ville, la vivifient et facilitent son commerce qui a beaucoup d'activité. Melun possède deux ponts sur la Seine, une belle préfecture, ancienne abbaye de bénédictins dont l'abbé de Calonne, frère du célèbre ministre, fut le dernier titulaire; un hôtel-de-ville, une bibliothèque assez riche, un tribunal, ancien couvent de carmes; une salle de spectacle, un hospice, une maison de détention pouvant contenir 1200 prisonniers, une fabrique de sucre de betteraves, un quartier de cavalerie, enfin deux églises, Notre-Dame et Saint-Aspais. La dernière conserve de très-beaux vitraux, et des sculptures dont le goût et la légèreté méritent d'être remarqués. Entre la ville et le faubourg Saint-Liesne, coule l'Almont, qui vient de Nangis et tombe dans la Seine au coin du Parc de Pény. Cette petite rivière arrive à Melun, enrichie des eaux des canaux et cascades du fameux château de Vaux, créé par Fouquet, et chanté par La Fontaine dans l'élégie adressée aux *Nymphes de Vaux*.

Un ancien proverbe fait froncer les sourcils des habitants de Melun, lorsqu'on leur demande à manger des anguilles. De toutes les versions sur l'origine de

A 1716.

ce proverbe, on est convenu cette fois d'adopter la plus raisonnable. Un habitant de Melun, nommé Languille, fut chargé de jouer le rôle de Saint-Barthélemi, dans la représentation d'un mystère. Le pauvre homme, à la vue du couteau et des pinces dont on devait se servir pour imiter le supplice du saint, crut que la fiction devenait la réalité, et se mit à pousser de grands cris. De là, le dicton vulgaire : *Il est comme Languille de Melun qui crie avant qu'on l'écorche.*

A la sortie de Melun, la SEINE baigne le hameau des Fourneaux, contigu à la ville, et qui possède plusieurs maisons de campagne fort agréables, et une belle manufacture de faïence. Il dépend du Mée, village situé comme lui sur la rive droite du fleuve, mais un peu au-dessous. Le Mée, autrefois le *Mas*, signifie métairie. La terrasse du parc et celles des autres jardins qui dominent la SEINE, offrent l'aspect le plus séduisant.

A gauche, à quelque distance de la rivière et appuyés sur les bois, on aperçoit les deux charmants villages de Dammerie-les-Lys et de Farcy, qu'embellissent une foule de charmantes habitations. Le premier de ces villages doit son nom à l'abbaye du Lys, fondée par la reine Blanche, dont le cœur y fut déposé. Cette abbaye, où la réforme fut plusieurs fois obligée de venir mettre un frein aux dérèglements des religieuses, subsista jusqu'à la fin du siècle dernier où la révolution la détruisit. C'est maintenant une charmante maison de campagne, dont le parc est embelli par les ruines de l'ancienne église. Son propriétaire, M. le marquis de la Tour-Maubourg, ancien gouverneur des Invalides, dont le nom rappelle une gloire et des vertus dignes des temps chevaleresques, s'y repose de ses travaux guerriers en s'y livrant à la culture des fleurs. Ses jardins et ses serres, soignés d'après la méthode des Hollandais, excitent l'admiration de ceux qui les connaissent.

Entre le Lys et le fleuve on remarque Belle-Ombre, dans une situation des plus agréables. A l'opposite est le village de Boissette, contraction diminutive de Boississe; aussi n'était-ce autrefois qu'un hameau dépendant de Boississe-la-Bertrand, situé à l'ouest sur le même coteau. Le voisinage de plusieurs bois justifie l'étymologie de ces deux noms, qui signifient un établissement sis dans un lieu planté d'arbres. Boississe-la-Bertrand est un des plus gracieux villages du département, tant par sa position sur la Seine que par le nombre des jolies maisons qu'il renferme, et qui, disposées en amphithéâtre, jouissent toutes d'une belle vue. Sur la rive opposée apparaissent les deux charmantes habitations des Vives-Eaux et de Vauves. La première des deux fut créée par l'architecte Gondoin, qui bâtit la colonne de la place Vendôme et l'École de Médecine.

Un peu au-dessous de Vauves, vis-à-vis du hameau de Larré qui dépend de la commune de Boississe-la-Bertrand, s'élève Boississe-le-Roy. Sa situation sur le penchant de la colline qui commande la SEINE, ses sources d'eaux vives qui arrosent plusieurs propriétés, la bonté du terroir pour la culture de la vigne, en font un endroit agréable et intéressant. Un peu au-dessous de Beaulieu, hameau dépendant encore de Boississe-la-Bertrand, les yeux s'arrêtent sur le château et le parc de SEINE-Assise (par corruption Saint-Assise). Cette superbe habitation fut possédée par le duc d'Orléans, grand-père du roi. Il y passa les dernières années de sa vie avec madame de Montesson. Depuis, Saint-Assise changea plusieurs fois de maître qui tous y firent des travaux considérables. C'est maintenant la propriété du prince Ch. de Beauveau, qui en fait sa résidence habituelle, et l'entretient avec un soin et un bon goût remarquables. Saint-Assise dépend de la commune de Saint-Port, où nous allons bientôt arriver avec le fleuve. Sur la rive gauche, vis-à-vis le château, est l'embouchure de l'École. Cette petite rivière, avant de se jeter dans le fleuve, fait mouvoir de nombreux moulins. Bientôt, et toujours sur la même rive, on découvre le hameau de Tilly, et tout près Maison-Rouge, où se voient encore les ruines des anciens bains de la belle Gabrielle. Ce qui en reste suffit pour donner une idée de cette délicieuse résidence. En avant est une terrasse fort étendue que soutiennent des éperons dignes d'être vus. Tilly, Maison-Rouge et Sitanguette que l'on aperçoit auprès, dépendent du village de Saint-Fargeau, où nous arrivons et dont nous apercevions le clocher depuis long-temps. Vis-à-vis est Saint-Port ou plutôt Seine-Port (port sur la Seine), qu'embellissent une foule de charmantes maisons de campagne. Quelques-unes voient leur jardin se prolonger jusqu'aux bords du fleuve et même s'étendre dans les îles qui ornent cette rive. Au-dessus de Saint-Port s'élevait autrefois le fameux pavillon Bouret, bâti par le fermier-général de ce nom pour y recevoir Louis XV. Cette magnifique habitation appartint depuis au duc de Bassano et à MM. Moreau de Paris, qui l'ont fait détruire. Il n'en reste que deux cavaliers situés en avant de la forêt de Rougeaux, et d'où l'on jouit d'une vue admirable.

Un peu au-dessous de Saint-Port et vis-à-vis la ferme de Villiers, est Croix-Fontaine, jolie habitation, la dernière du département de Seine-et-Marne. Bientôt, en effet, nous entrons dans Seine-et-Oise. Le premier village que nous y rencontrons est celui du Coudray, dont le château, situé au milieu d'un vaste parc, fut possédé quelque temps par le maréchal Jourdan. Plus bas est le Plessy-Chenet que traverse la route de Fontainebleau. Sur la rive droite se déploient la ferme de Saint-Guildar et le village de Morsang-sur-Seine, en face duquel est la ferme de Pressoir-Pont. Enfin après avoir passé devant Saintery et le beau château de Champlâtreux, nous entrons à Corbeil.

Cette petite cité, que la SEINE sépare en deux, est le chef-lieu d'un arrondissement de Seine-et-Oise, et le siége d'un tribunal de première instance. Elle possède une bibliothèque publique, un petit théâtre; un hospice civil, un vaste dépôt de farines, et de très-beaux moulins que fait mouvoir la rivière d'Essonne, formée de la réunion de celles de Jugnes et d'Étampes. Nous venons de dire que Corbeil était divisé en deux parties que lie un beau pont de pierre. Le vieux Corbeil, ou quartier Saint-Léonard, qui doit son nom à une église peu remarquable, est situé sur la rive droite du fleuve et faisait partie de la Brie française. Le nouveau Corbeil, ou quartier Saint-Spire, est coupé en deux par la rivière d'Essonne dont nous venons de parler. On y remarque une église sous l'invocation de saint Spire, fondée, dit-on, au onzième siècle par Aimon, premier comte de Corbeil. Un incendie la détruisit entièrement en 1140. Sa reconstruction ne fut achevée qu'en 1437.

Corbeil, autrefois place forte et importante par sa position, remonte à une haute antiquité. Nous nous garderons bien cependant de faire dériver son nom de celui de Corbulon, gouverneur des Gaules, comme l'ont fait quelques étymologistes extravagants. Elle fut assiégée inutilement par les Bourguignons et les Anglais, ligués contre Charles VII encore dauphin. Sous Charles IX, les catholiques s'y défendirent vaillamment contre les huguenots et les repoussèrent. Enfin, par un retour de fortune surprenant, devenue huguenote sous Henri IV, elle fut prise par le duc de Parme à la tête des ligueurs et de l'armée espagnole. Son importance commerciale la console maintenant de la gloire militaire qu'elle a perdue.

A peine sommes-nous sortis de Corbeil que nous naviguons entre de jolis villages et des châteaux remarquables. A gauche, nous découvrons les châteaux

CORBEIL.

de Lagrange-feu-Louis et de Mousseaux, le village d'Éery, le château de Petit-Bourg construit par le duc d'Antin, qui y reçut souvent Louis XIV et madame de Montespan; devenu sous Louis XV un rendez-vous de chasse, tour à tour habité depuis par la duchesse de Bourbon, par Perrin, administrateur des jeux, et actuellement par le riche banquier espagnol Aguado; ceux de Grand-Bourg, Trousseau et de Fromont, dont les romantiques jardins viennent se terminer au bord du fleuve, tandis qu'à notre droite se développent le village d'Étiolle, dont le château fut possédé par M. Lenormant, mari de la fameuse madame de Pompadour, le château de Bourlanger, et Soisy-sous-Étiolle.

Depuis quelque temps se déploie devant nous un beau pont suspendu; c'est le pont de Ris. Ce magnifique ouvrage, qui a remplacé tout récemment un bac, est dû au généreux propriétaire de Petit-Bourg, M. Aguado. Il réunit le joli village de Ris que nous voyons dans les terres à notre gauche, ainsi que le hameau de Laborde, avec celui de Champrosay, qui se montre à peu de distance sur notre droite, et renferme un grand nombre de maisons de campagne. Bientôt laissant à gauche le hameau du Petit-Châtillon, puis celui du Grand-Châtillon, notre vue rencontre à droite, dans la plaine au pied d'un groupe de collines, le charmant village de Draveil. Puis à une lieue de Ris, un peu au-dessous d'Athis, et avant Ablon, se jette dans la Seine l'Orge, petite rivière qui vient d'arroser Dourdan et Montlhéry, villes toutes deux illustrées par les antiques débris de leurs manoirs seigneuriaux. La tour de Montlhéry, placée au sommet d'une hauteur, comme une plume sur un bonnet de grenadier, fixe surtout les regards du voyageur. On l'aperçoit des hauteurs qui avoisinent Corbeil; à Paris, on pourra la voir encore de la coupole de Sainte-Geneviève, car elle n'embrasse pas moins d'une quinzaine de lieues d'horizon.

Ablon a pris un rang assez élevé parmi les villages des environs de la capitale, depuis les guerres de religion. Les protestants y avaient un temple, où ils obtinrent de Henri IV le libre exercice de leur culte, malgré la clause du traité de réduction de Paris, qui exigeait au moins cinq lieues de distance, et Ablon n'était qu'à quatre lieues et demie. La Seine reçoit ensuite l'Yerres, qui a ses sources à Villegagnon, près Provins, non loin de celles de la Voulzie. Cette rivière coule sur un territoire tellement poreux et y fait tant de circuits, que, malgré les nombreux ruisseaux qui l'alimentent et qui sont assez forts pour faire tour-

MOULIN A JUVISY-SUR-ORGE.

ner des moulins, son lit est à sec pendant les trois quarts de l'année dans une grande partie de son étendue. Ce n'est qu'au-dessous de Brie-Comte-Robert, après avoir reçu des sources considérables, qu'elle devient assez forte pour faire mouvoir un grand nombre d'usines qui fonctionnent dans toutes les saisons. La route de Melun à Paris passe l'Yerres sur un joli petit pont et entre ensuite à Villeneuve-Saint-Georges, situé sur la rive droite de la Seine, au confluent des deux rivières. Quantité de maisons charmantes donnent à ce village l'aspect le plus agréable, et les bords de la Seine en font un séjour délicieux. A Choisy-le-Roi, la Seine passe sous un large et beau pont construit en 1810. Ce bourg possédait autrefois une maison de plaisance, bâtie pour mademoiselle de Montpensier. Après la mort de cette princesse, elle passa au dauphin fils de Louis XIV, et fut échangée contre Meudon que possédait madame de Louvois. On n'y voit plus maintenant la moindre trace de ce château, où Louis XV se rendait souvent avec madame de Pompadour. Le soc de la charrue a passé sur ses bosquets et sur ses jardins enchanteurs. Des manufactures de maroquin, de faïence et d'acides minéraux ont été établies sur un sol naguère consacré aux plaisirs. Au-dessus de ce bourg est une petite île dont le charmant effet contribue beaucoup à la beauté du paysage que la Seine présente en cet endroit.

Le fleuve laisse ensuite, un peu sur la gauche, Vitry, célèbre par ses riches pépinières; puis il forme deux îles assez grandes, et passe au Port-à-l'Anglais, derrière lequel s'étend une vaste plaine. Le nom de ce hameau indique sa triste origine. Ce fut au temps de Charles VI, que les Anglais, mis en possession de la capitale par la trahison des Bourguignons, établirent un camp en cet endroit pour protéger Paris, et intercepter les communications que le dauphin aurait pu entretenir par la Seine avec les habitants de la capitale. Nous apercevons un village situé à l'extrémité de la plaine sur la pente d'une petite colline qui cache le hideux Bicêtre à nos regards. C'est Ivry avec ses charmantes maisons de campagne, parmi lesquelles on remarque celle du comte Jaubert. Son territoire s'étend jusqu'aux murs de Paris et comprend les hameaux de la Gare et d'Austerlitz. Devant nous, sur une chaîne de collines, s'élève au nord le triple bourg de Charenton, au pied duquel coule la Marne, dont nous ne soupçonnions pas encore le voisinage, car cette rivière se dérobe à nos regards derrière les îles nombreuses que forme la pointe de son confluent avec la Seine. Elle

PONT DE CHARENTON.

prend sa source aux environs de Langres, traverse le département de la Marne, baigne l'extrémité méridionale du département de l'Aisne, entre dans Seine-et-Marne près de la Ferté-sous-Jouarre, arrose Meaux et Lagny, et, sans s'arrêter dans Seine-et-Oise, arrive au département de la Seine, où elle rejoint ce fleuve au bas des carrières de Charenton. Le rapide courant de la Marne rend sa navigation difficile, et a forcé d'établir en plusieurs endroits des pertuis et des barrages qui divisent son cours et qui le modèrent. Après sa réunion à la Seine, on distingue encore longtemps ses eaux à leur rapidité, à leur couleur jaunâtre et à leur qualité limoneuse.

Au quatorzième siècle nos rois possédaient un château à la pointe du confluent. Jeanne de Navarre y fut mariée à Philippe, comte d'Évreux, et l'habita, dit-on, jusqu'à sa mort. Ce lieu s'appelait alors *le séjour du roy* ou *les Carrières;* ce dernier nom a prévalu depuis la destruction du château royal. Pendant les troubles qui suivirent la captivité du roi Jean, le dauphin son fils jeta en cet endroit de la Seine un pont de bateaux pour aller assiéger Paris. Mais, à l'extrémité de ce pont, du côté de la plaine d'Ivry, il fut obligé de livrer un combat sanglant aux révoltés qui étaient venus à sa rencontre.

A la gauche des Carrières de Charenton commence le village de Conflans, qui lui est contigu. Les ducs de Bourgogne y possédèrent longtemps un beau château. Le traité conclu à Paris, à la suite de la ligue du bien public, sous Louis XI, porte le nom de traité de Conflans, parce que les ouvertures de la négociation eurent lieu dans le château des ducs de Bourgogne où le comte de Charolois s'était renfermé avec ses partisans, tandis que le roi occupait la plaine d'Ivry. Le ministre Villeroi fit bâtir une magnifique maison de campagne sur l'emplacement du manoir des princes bourguignons. Elle est, depuis près de deux siècles, la propriété des archevêques de Paris, qui vont y chercher dans la belle saison le repos et la solitude. Une machine hydraulique fait monter l'eau de la SEINE dans des réservoirs placés sur la hauteur, d'où elle se répand par une infinité de canaux dans les bassins du parterre, et va alimenter les fontaines voisines.

La maison de l'archevêque n'est séparée de Bercy que par une petite plaine de quelques arpents. Le château des seigneurs de Bercy, que l'on aperçoit de la rive, fut restauré sous Louis XIV, et ses jardins furent arrangés d'après les desseins de Le Nôtre. Cette magnifique propriété offrirait des trésors aux innocentes conquêtes du botaniste; mais un garde

BELVÉDER A BERCY.

impitoyable n'en permet l'accès qu'aux industriels riverains qui y ont acheté le droit de dépôt. La terrasse qui borde la Seine pendant près d'un quart de lieue offre un point de vue remarquable. Le village de Bercy, qu'on pourrait appeler un faubourg de la capitale, se compose d'une longue suite de vastes bâtimens qui bordent la rive de la Seine et servent d'entrepôts de vins. Autrefois on passait le fleuve dans un bac ; mais on vient de construire en cet endroit un pont qui a pris le nom de Bercy. Sur la rive gauche du fleuve nous laissons le hameau d'Austerlitz, ainsi nommé en raison d'une de nos glorieuses batailles, et celui de la Gare, où se trouve une verrerie importante, et nous entrons enfin dans Paris entre le quai de la Rapée et le triste monument de la Salpétrière, pour passer un peu plus loin sous les murs de l'Arsenal.

Laissons un instant notre nacelle glisser au gré des eaux, et résumons en nous-même la partie de notre voyage que nous venons d'achever. Certes, on aurait pu désirer de traverser des cités plus opulentes et plus vastes, de parcourir des pays plus variés et plus pittoresques, mais nulle part l'imagination n'aurait pu animer les bords d'un fleuve de souvenirs plus gracieux, nulle part elle n'aurait pu peindre des bords qui réveillassent autant de sentiments touchants ou profonds. Sur les rives de la haute SEINE tout est empreint d'un charme irrésistible, indéfinissable pour le voyageur qui les parcourt; rien jusqu'ici n'a dévoilé la grandeur future qui est réservée à ce fleuve roi, et pourtant qui ne l'aurait déjà devinée?

Nous pouvons nous glorifier d'être les premiers voyageurs qui aient pris le fleuve à sa source, qui aient étudié pas à pas ses développements successifs, et qui l'aient vu, pour ainsi dire, grandir sous leurs yeux. Désormais la SEINE nous offrira une activité plus large et plus puissante, des villes plus riches et plus peuplées, des bords plus fertiles en événements; mais elle perdra en revanche ce charme de la jeunesse et des essais qui nous la faisait aimer de prédilection. Ce ne sont plus des rives peu étudiées, des villes que le voyageur ne visite qu'autant qu'elles sont traversées par une grande route. C'est un fleuve sillonné sans cesse par de nombreuses embarcations chargées de curieux et d'artistes, un fleuve dont l'histoire se trouve décrite partiellement en mille et mille ouvrages. Enfin, la basse SEINE peut, à juste titre, être comparée, comme le faisait Napoléon, à la grande rue d'une ville dont le Havre, Rouen et Paris forment les trois principaux quartiers.

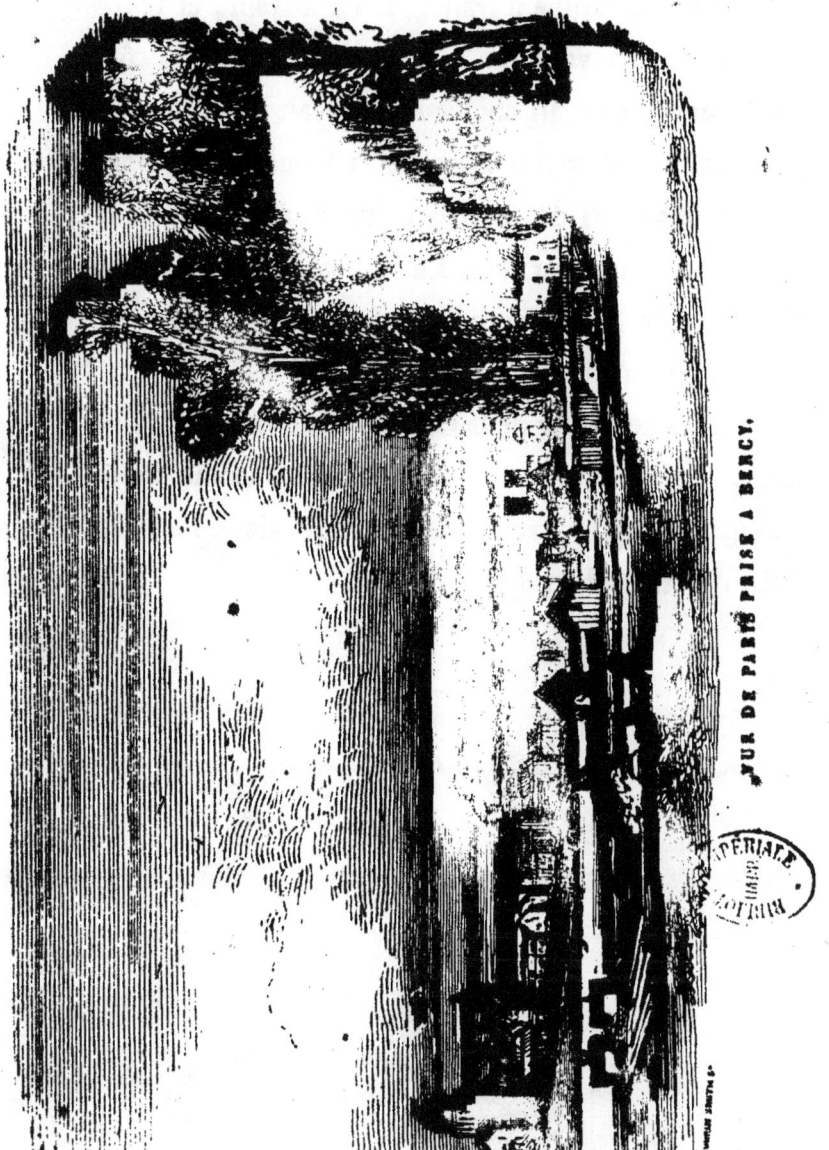
VUE DE PARIS PRISE A BERCY.

Déjà notre barque a franchi le Pont-Neuf, et notre œil cherche en vain sur la deuxième arche, du côté du Louvre, ce petit château qui avait autrefois son gouverneur, et qu'on appelait la Samaritaine, nom long-temps chéri des Parisiens qui s'amassaient pour écouter son aigre carillon. La vétusté du bâtiment et l'inutilité de la pompe qu'il renfermait déterminèrent sa démolition en 1813.

Arrivés au centre de la capitale quittons un instant notre petit navire; nous reprendrons demain notre navigation après avoir contemplé le vieux Paris du haut du terre-plein du Pont-Neuf.

BASSE-SEINE.

VIEUX PARIS.

BASSE-SEINE.

II.

ILLUSTRE déjà par une multitude de souvenirs, la SEINE, en traversant le centre de la capitale, se partage en deux bras qui embrassent trois îles, à peu de distance les unes des autres. Dix-neuf ponts, la plupart magnifiques, servent à la communication continuelle de l'immense population. On ne voit plus maintenant leurs arches surchargées de gothiques maisons, dangereuses pour leurs habitants. Louis XVI commença cette utile démolition en faisant abattre les bicoques du pont Marie; les dernières maisons disparurent de dessus le pont Saint-Michel en 1811. Quarante neuf quais larges et spacieux, dont quelques-uns ombragés d'arbres récemment plantés, bordent les rives de la Seine et tiennent ses eaux captives pendant deux lieues, depuis le Jardin-du-Roi jusqu'au Champ-de-Mars.

Nous ne nous arrêterons pas à décrire longuement l'état actuel des nombreux monuments de la capitale dont la Seine arrose les pieds. Mais, nous reportant vers le passé, nous consulterons les annales parisiennes, pour apprendre les changements qui s'y sont opérés et les événements remarquables dont les bords du fleuve ont été le théâtre.

Le vieux Paris se divisait en trois parties au moyen âge : la Ville au nord, la Cité au milieu, l'Université au sud de la rivière. C'était au-dessous du pont d'Austerlitz, à la hauteur du canal de l'Ourcq, que commençait l'enceinte des murs de Paris. La Seine détachait sur sa droite un petit bras qui se jetait dans les fossés de la ville, et allait arroser les murs de la Bastille. Ce triste monument, bâti sous Charles V, par Aubriot, prévôt des marchands, dut sa plus grande illustration, en même temps que sa ruine, au premier mouvement révolutionnaire. Il y a dix ans que ses fondations existaient encore, et on pouvait plonger le regard dans ses sombres caveaux, témoins de crimes nombreux, sans doute, mais fort exagérés par les récits populaires. Son emplacement est maintenant une gare, et ses fossés ont servi de lit au canal de l'Ourcq. Il était séparé de la ville par un vaste terrain inhabité qui portait le nom de champ au plâtre, et s'étendait depuis la rue Saint-Antoine jusqu'au bord de la SEINE. En 1396, le Duc d'Orléans fit bâtir, à l'extrémité de ce champ, du côté du bord de l'eau, un bel hôtel que la ville acheta pour y loger son artillerie. François Ier l'emprunta plusieurs fois pour y faire fondre des canons, et convaincu de la commodité des bâtiments, il finit par se l'approprier malgré les justes réclamations des habitants de Paris. La partie méridionale du jardin était occupée par le Mail, qui s'étendait le long du fleuve dans la direction du quai Morland. A l'angle formé par les fossés de Paris, s'élevait la tour de Billy comme une garde avancée de la Bastille; en 1538 elle a été renversée par la foudre. Les granges d'artillerie elles-mêmes furent, sous Charles IX, la proie d'un violent incendie; la poudrière sauta; des pierres furent lancées jusqu'au faubourg Saint-Marceau et des poissons furent frappés de mort dans la SEINE. On ne manqua pas d'attribuer ce funeste événement aux calvinistes. Reconstruit sous Henri III, l'Arsenal devint l'hôtel du grand-maître de l'artillerie et fut habité par Sully en cette qualité; on montre encore le cabinet où ce ministre recevait Henri IV. Le Régent augmenta les bâtiments et leur donna leur forme actuelle. Le Mail fit alors place à un quai large et commode.

L'Arsenal était contigu au fameux et vaste hôtel de Saint-Paul que Charles V acheta pendant la captivité du roi Jean. Malgré le beau surnom de *Sage*, ce prince fit de véritables folies pour embellir sa nouvelle propriété, qu'il appela *l'hostel des grands esbattements*. Isabeau de Bavière y passa les dernières années de sa vie dans la douleur et peut-être dans les regrets; contrainte par les insultes des Anglais et de la populace à ne jamais s'approcher de sa fenêtre, elle apprit, mais un peu tard, que les traîtres sont également méprisés de ceux qu'ils servent et de ceux qu'ils ont vendus. Après sa mort, on descendit secrètement son corps dans un petit bateau, et deux moines de Saint-Denis vinrent le recevoir auprès du Pont-au-Change.

A côté de l'hôtel Saint-Paul, s'élevait un groupe de monuments dignes de ce voisinage ; c'étaient les édifices religieux de l'Ave-Maria et de l'église Saint-Gervais, mêlés à des hôtels magnifiques, parmi lesquels on remarquait l'hôtel de Sens, habité par le chancelier Duprat, et envahi maintenant par un établissement de roulage. Le bord de la SEINE n'offre encore en cet endroit qu'un terrain naturellement en pente, et jusqu'ici exposé aux fréquents dégâts que cause le débordement du fleuve à la fonte des neiges. Après tant d'expériences funestes, on s'occupe enfin d'y pourvoir.

Venait ensuite la place de Grève aux souvenirs sanglants, et où les bourgeois firent bâtir au seizième siècle leur hôtel de ville, après avoir eu longtemps leur parloir, ou maison commune, dans la *vallée de Misère*, où est à présent le quai de la Ferraille. La rive, à partir de cette place, n'offrait encore au commencement du règne de Louis XIV qu'une surface déclive, sur laquelle se trouvaient deux rues sales servant d'écorcherie et souvent inondées. Le marquis de Gèvres obtint la permission d'y bâtir des maisons jusqu'à la première pile du pont Notre-Dame et du Pont-au-Change, à condition qu'elles seraient assises sur des voûtes percées d'arcades. Au milieu de ce hideux pâté de maisons gothiques, le grand Châtelet fermait l'entrée du Pont-au-Change par son énorme et horrible masse. Cette forteresse avait remplacé au douzième siècle une tour de bois dont on attribuait la construction à Jules César, et qui servait tout à la fois de demeure au prévôt de Paris, et de prison aux criminels que réclamait l'échafaud de la Grève. C'est d'une fenêtre de cet édifice que Bois-Bourdon, l'amant d'Isabeau de Bavière, fut jeté dans la Seine, enveloppé d'un sac sur lequel on lisait cette formule judiciaire : *Laissez passer la justice du roy.* La vallée de Misère commençait au grand Châtelet, et se prolongeait jusqu'au Louvre. Ce terrain, occupé d'abord par des marais, s'était peu à peu couvert de maisons, quand, sous Charles V, on construisit le quai de la Ferraille ou de la Mégisserie, pour établir une communication entre le Louvre et le reste de la capitale. Philippe-Auguste se fit bâtir hors des murs de Paris une demeure nommée *Lupara*, qui est maintenant le Louvre. Elle avait, comme la plupart des châteaux, la triple destination de séjour, de forteresse, et de prison. Ferrand, comte de Flandres, y fut longtemps enfermé. C'était primitivement un bâtiment parallélogramme aux côtés et aux angles duquel se rattachaient vingt-trois tours liées en un seul faisceau. Dans l'une d'elles, la tour de la Librairie, Charles V rassembla quelques livres, et jeta ainsi les fondements de la bibliothèque royale. Les diverses parties du vieux Louvre furent successivement détruites, puis rebâties sur le plan actuel, depuis François Ier jusqu'à Louis XIV, qui conçut le projet de le réunir aux Tuileries. Abandonnés plusieurs fois, les travaux ont été repris avec ardeur sous Napoléon, et nous avons maintenant quelque espoir de les voir s'achever avant peu d'années.

La plus ancienne mention qui soit faite des Tuileries, se trouve dans une ordonnance de Charles VI, qui veut que les tueries et écorcheries soient transportées au-delà des fossés du Louvre, hors Paris, auprès d'une fabrique de tuiles appelée la Sablonnière, et située sur le bord de la Seine. Un siècle plus tard, Nicolas de Neufville de Villeroy fit construire en cet endroit un petit château. François Ier l'acheta pour sa mère Louise de Savoie, qui trouvait le palais des Tournelles trop malsain. Catherine de Médicis, à qui cet hôtel parut indigne d'une reine, le fit raser, et dès-lors commença à sa place la construction du château des Tuileries. Dans l'origine, les bâtiments étaient séparés du jardin par une rue. Mais Le Nôtre changea entièrement le plan des bosquets et du parterre ; la rue fut envahie, et on éleva deux magnifiques terrasses, depuis l'emplacement des bastions placés aux portes du jardin, jusqu'aux ailes du château. En sortant par la porte de la Conférence, située du côté du quai, et où venait aboutir l'enceinte septentrionale de Paris, on entrait dans le Cours-la-Reine, promenade longtemps interdite au public, et que Marie de Médicis avait fait planter pour son agrément particulier.

Trois îles occupent maintenant le milieu du fleuve et le centre de la capitale ; mais autrefois elles étaient au nombre de six. L'île Louviers, située en regard de l'hôtel Saint-Paul, en était autrefois une dépendance ; des chantiers de bois ont remplacé depuis longtemps le bel ombrage que ses arbres répandaient. Plus loin, s'étendait l'île aux Vaches, renommée pour ses gras pâturages, et séparée, par un petit bras de la SEINE, de l'île Notre-Dame qui appartenait aux évêques de Paris. Henri IV conçut le projet de réunir ces deux îles ; Louis XIII l'exécuta, et sous le nom d'île Saint-Louis le terrain se couvrit de constructions et prit l'aspect qu'il a maintenant. Deux ponts établirent la communication de cette île avec les deux rives, et un troisième, élevé à la pointe occidentale, alla rejoindre la Cité.

Plus grande que les trois précédentes, l'île de la Cité fut le berceau de Paris. Ses rues sales et tortueuses annoncent l'antiquité de *Lutetia*, la ville de *boue*. Sa forme ressemble assez bien à celle d'un navire enfoncé dans le sable, et amarré à la rive par ses ponts nombreux. Peut-être est-ce là l'origine de la nef que la ville de Paris porte pour armoiries. La Cité présentait, il y a trois siècles, un aspect bizarre. C'était une espèce de masse compacte, sans quais, sans place publique, hérissée de tours et de nombreux clochers. On comptait dans son sein jusqu'à soixante-dix-sept églises ou chapelles auxquelles une population nombreuse disputait pied à pied le terrain. La Seine y disparaissait sous les ponts, les ponts sous les maisons, et les miasmes qui s'exhalaient par quelques abreuvoirs dégoûtants annonçaient seuls le voisinage de la rivière. A l'Orient, s'élevait l'Hôtel-Dieu, la Basilique de Notre-Dame et une gerbe d'édifices religieux qui ombrageaient l'île par sa forêt de clochers. La partie occidentale était occupée par l'antique palais qu'habitèrent successivement les rois fainéants, les comtes de Paris, et les premiers princes de la dynastie capétienne. Philippe-le-Bel, en rendant le parlement sédentaire, lui donna la moitié de son palais, et Charles V, fatigué du concours des plaideurs, abandonna cette demeure pour l'hôtel Saint-Paul. Les plus anciennes constructions actuelles du Palais-de-Justice datent du règne du roi Robert. A l'angle de la rue de la Barillerie et du Pont-au-Change, on voit encore la tour où fut placée, en 1370, la première grosse horloge de Paris. Au-dessus du lanternin, il y avait, avant la révolution, la cloche du Palais, qui ne devait sonner que pour annoncer la naissance ou la mort des rois et des dauphins, et qui donna pourtant le signal de la Saint-Barthélemy. Plus loin s'élevait la tour de Montgommery, où le malheureux gentilhomme de ce nom expia le meurtre involontaire de Henri II par une longue détention, et où Ravaillac put lentement réfléchir sur l'horreur de l'assassinat qu'il avait commis. Derrière le Palais-de-Justice, dans une île séparée de la Cité par un canal creusé de la main des hommes, s'étendaient les jardins où les magistrats venaient se reposer de leurs pénibles travaux. La pointe de terre, où est à présent la statue de Henri IV, formait une dernière île occupée par les juifs et par un moulin qui leur appartenait. Philippe-le-Hardi, les ayant chassés de son royaume, l'île et le moulin des juifs prirent le nom de Bussy, ou de l'Ilot du Passeur. Ils se sont abîmés tous deux sous le terre-

PARIS.

plein du Pont-Neuf, lorsque Henri III, profitant des basses eaux, fit combler le bras de la Seine qui les séparait de l'île du Palais, et commencer la construction du pont. Les travaux, plusieurs fois interrompus par les guerres de la Ligue, ne furent achevés que vers la fin du règne de Henri IV, dont on érigea la statue au milieu du pont quelques années après sa mort. Là se voyait autrefois *la Samaritaine*, dont nous avons déjà parlé.

Avant la construction du Pont-Neuf, la Cité communiquait par six ponts avec les deux autres parties de la capitale. Au nord était le pont Notre-Dame, bâti d'abord en bois et reconstruit en pierre, il y a trois siècles. Puis le Pont-aux-Changes, ou au Change, et le Pont-aux-Meuniers, si voisins l'un de l'autre, qu'un même incendie les consuma tous deux sous Louis XIII. On ne rebâtit pas le Pont-aux-Meuniers, devenu inutile depuis la construction du Pont-Neuf, et qui gênait la navigation par les bateaux de moulin attachés à ses arches. Au midi, il y avait le Pont-aux-Doubles, nom de la petite monnaie qu'on donnait autrefois pour péage. On vient de dégager ce pont des constructions de l'Hôtel-Dieu, qui laissaient à peine un petit passage aux piétons. Au-dessous du pont Saint-Charles, établi pour le service intérieur de l'hospice, le Petit-Pont communiquait à la rue Saint-Jacques et allait s'engouffrer sous le porche béant du petit Châtelet. Douze fois emporté par les inondations depuis le treizième siècle, il fut douze fois rebâti, et sa reconstruction actuelle ne date que de 1720. Enfin le pont Saint-Michel, qui doit son nom au voisinage de l'antique chapelle où avait été baptisé Philippe-Auguste. Elle occupait le coin de la rue de la Barillerie et fut démolie à la suite du grand incendie de 1776 pour embellir et dégager les abords du palais.

Il nous reste maintenant à suivre la rive gauche de la Seine, dont les souvenirs ne sont ni moins antiques ni moins nombreux que ceux de la rive droite. L'enceinte de Paris commençait de ce côté à la hauteur de la rue des Fossés-Saint-Bernard et des Fossés-Saint-Victor, dont les noms indiquent leur situation auprès des remparts de la ville. Sur le bord de l'eau, vis-à-vis l'hôtel Saint-Paul et la forteresse de Barbelle, s'élevait la Tournelle, qui protégeait l'entrée de Paris et la navigation du fleuve. A la place de la barrière qui lui était adossée, Louis XIV fit construire un arc de triomphe dans le genre de la porte Saint-Denis, mais d'une plus petite dimension. L'incommodité et les dangers de ses arcades basses et étroites, pour les voitures et les piétons, déterminèrent Louis XVI à la faire démolir ; mais on a conservé l'usage d'appeler porte Saint-Bernard l'endroit où existait ce monument. Plus loin s'élevait la Tournelle des Bernardins, ou Tour Saint-Bernard, plus ancienne que celle du bord de l'eau. A ses pieds commençait le quai de la Tournelle, à l'extrémité duquel, du côté de la rue des Grands-Degrés, la SEINE recevait jadis les eaux de la Bièvre. Les moines de Saint-Victor, désirant faire passer cette petite rivière dans l'enceinte de leur cloître, en avaient acheté le droit au couvent de Sainte-Geneviève dont elle arrosait les propriétés. Par le moyen de plusieurs digues, ils avaient forcé la Bièvre à changer de lit; mais les inondations auxquelles elle est sujette, rendant son voisinage dangereux, on la laissa reprendre son cours naturel et regagner son embouchure au-dessus de la ville. Ce ruisseau n'a d'importance que par les nombreuses usines qu'il alimente, et qui font la richesse du faubourg Saint-Marcel. Parmi ces grandes manufactures, il en est une dont la renommée est européenne, celle des magnifiques tapisseries des Gobelins, qui donne le plus souvent son nom à la rivière de Bièvre.

La rive de la SEINE offrait ensuite une grève où étaient entassées sans ordre des maisons que rien ne protégeait contre les grosses eaux, jusqu'à l'endroit où le bras du fleuve se trouve resserré par les fondations des bâtiments de l'Hôtel-Dieu. Puis on arrivait au Petit-Châtelet, dont l'existence remonte à la même antiquité que le grand. C'étaient, sans doute, deux forteresses construites sur chaque rive par les Romains pour défendre l'île de la Cité, à laquelle on n'arrivait que par les deux ponts dont elles protégeaient les abords. Le Petit-Châtelet servit long-temps de prison aux galériens et de logement au prévôt des marchands, et l'on y percevait un droit sur tout ce qui entrait dans la ville. Moins sombre et moins vaste que le Grand-Châtelet, il était plus incommode encore, car il ne laissait aux passants d'autre route qu'une arcade noire et étroite, de plus en plus impraticable aux piétons, à mesure que les voitures se multipliaient dans Paris. Aussi sa démolition fut-elle résolue et exécutée à la fin du siècle dernier.

Au pied du Petit-Châtelet commençait le quai de la Gloriette, dont les travaux furent faits par les galériens renfermés dans cette forteresse. Il fut construit pour supporter les fondations des bâtiments qu'on avait projet d'élever entre la Seine et la rue de la Huchette. Une partie des maisons a été détruite, et le quai a pris le nom de Saint-Michel en s'élargissant.

Vient ensuite le quai des Augustins, le plus ancien de la capitale. C'était, au temps de saint Louis, une plage couverte de saules, où les bourgeois allaient se promener l'été, mais toujours fangeuse dans les autres saisons. Les maisons voisines étaient, chaque hiver, menacées d'une ruine prochaine par les débordements de la rivière qui envahissait leurs fondations. Philippe-le-Bel ordonna d'y construire le quai que nous voyons actuellement, et qui, après avoir passé au pied du couvent des Augustins, aboutissait à la porte Dauphine. Vis-à-vis de la rue Guénégaud s'élevait le Château-Gaillard, à la place où sont maintenant le chemin et l'arche de l'abreuvoir. C'était une construction isolée et munie d'une tour ronde qui avait ses fondations dans l'eau et qu'on épargna longtemps sans nécessité, comme le remarquait déjà l'auteur de la *Chronique burlesque* :

> J'aperçois là-bas sur la rive
> Le beau petit Château-Gaillard.
> . . . .
> A quoi sers-tu dans ce bourbier ?
> Est-ce d'abri, de colombier ?
> Est-ce de phare, ou de lanterne ?
> De quoi ? de port, ou de soutien ?
> Ma foi, si bien je te discerne,
> Je crois que tu ne sers à rien.

Cette construction, où Brioché faisait jouer ses marionnettes, disparut enfin sous Louis XIV. Peut-être avait-elle fait partie de l'ancien hôtel de Nesle qui s'étendait depuis cet endroit jusqu'à la porte de Nesle, et occupait l'emplacement de l'hôtel des Monnaies, de la Bibliothèque Mazarine et de l'Institut. On y remarquait surtout une tour avancée que baignaient les flots de la Seine. C'était la fameuse tour de Nesle, que la Chronique faisait témoin des crimes les plus honteux, dans laquelle Marguerite de Bourgogne et Jeanne de Navarre attiraient, dit-on, les passants pour les faire servir à leurs plaisirs et les précipiter ensuite dans la Seine. Toutes deux, en punition de leurs mœurs infâmes, furent jetées dans une basse-fosse de la prison des Andelys, et, de là, transférées au Château-Gaillard, en Normandie, où Marguerite fut étranglée, et d'où Jeanne sortit pour prendre le voile. Les fossés du château de Nesle occupaient l'emplacement de la rue de Seine, et de là, on arrivait à de vastes prairies qui s'étendaient depuis l'abbaye Saint-Germain jusqu'à la rivière, et depuis la porte de Nesle jusqu'à l'esplanade des Invalides. Elles étaient séparées, en deux parties, par un bras de la Seine et formaient le petit et le grand Pré-aux-Clercs. Le premier, compris entre les rues de

Seine et des Saints-Pères, se couvrit de constructions au seizième siècle, et le petit canal fut comblé. C'est sur ce terrain que Marguerite de Navarre, femme de Henri IV, se fit construire un vaste et superbe hôtel dont ce prince lui reprocha souvent la folle et honteuse magnificence. Les jardins s'étendaient jusqu'au bord de l'eau le long du quai Malaquais.

Le grand Pré-aux-Clercs eût une durée plus longue et une existence plus orageuse. Dès le onzième siècle, c'était le rendez-vous des étudiants, qui venaient en foule s'y promener. Vainement, pour prévenir les excès qui s'y commettaient, les habitants du bourg Saint-Germain et les moines de l'Abbaye voulurent interdire au public la jouissance de ce lieu ; un procès s'éleva entre eux et l'Université ; on en appela au pape, et la justice ne marchant pas à leur gré, on en vint aux voies de fait, et la sentence pontificale, soutenue par le poing des écoliers, maintint cette jeunesse turbulente dans les droits qu'elle réclamait. Ce pré ne cessa depuis d'être le théâtre des tumultes universitaires, des émeutes du peuple, des rendez-vous de galanterie, des affaires d'honneur, des parties de débauches, et des assemblées religieuses du protestantisme. Enfin, sous Louis XIV, le sol se couvrit de maisons, la promenade fut abandonnée, et le besoin de communication força de construire successivement le pont Royal, le pont Louis XVI et le pont des Arts, au lieu du seul pont du Louvre ou Pont-Rouge, qui existait auparavant, et qui occupait à-peu-près l'emplacement de celui qu'on vient de construire au bas de la rue des Saints-Pères. C'est sur cet ancien pont du Louvre que fut tué le maréchal d'Ancre, pour avoir hésité à rendre son épée à un capitaine des gardes.

La maison qu'habita Voltaire est au coin de la rue de Beaune et du quai qui porte son nom; mais des réparations et un exhaussement l'ont rendue méconnaissable.

Depuis le commencement du siècle dernier, on avait commencé plusieurs fois la construction du quai d'Orsay; de magnifiques hôtels s'étaient alignés sur cette partie des rives de la SEINE, dans l'attente de sa prochaine exécution. Cependant, en 1801, ce n'était encore qu'une berge fangeuse appelée la Grenouillère, et coupée par des tranchées d'égoûts découverts qu'il fallait traverser sur des planches glissantes, fragiles et mal assises; çà et là, quelques auberges y attiraient les promeneurs aux jours de fête, malgré leurs abords dangereux. C'est aujourd'hui un des plus beaux quais de la capitale, par ses dimensions bien proportionnées et par la ligne de beaux édifices qui

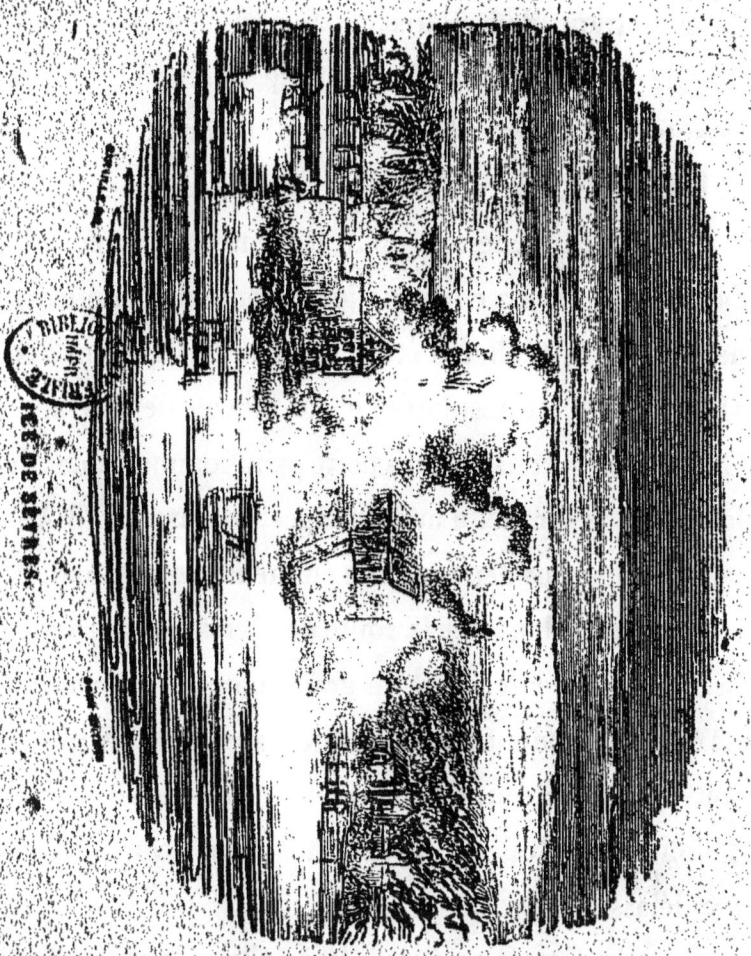

s'étend depuis l'hôtel des Gardes du Corps jusqu'à l'esplanade des Invalides et à l'École-Militaire.

En entrant dans Paris, la SEINE s'est déchargée dans la grande gare, d'une partie des nombreux et pesants fardeaux que le commerce lui confie ; au sortir de la capitale, elle va, dans la gare de Grenelle, chercher d'autres richesses pour les entraîner avec elle dans son cours. La construction récente de cette gare ne l'a pas empêchée d'être brisée par les glaçons, en 1829 ; elle a été restaurée, et au moyen de l'Ile-aux-Cygnes, on a construit un pont pour communiquer de la plaine de Grenelle aux villages de Passy et d'Auteuil, situés tous deux sur une éminence entre Chaillot, le bois de Boulogne et la route de Versailles qui longe la SEINE ; ils renferment un grand nombre de maisons de campagne, dont quelques unes rappellent d'illustres souvenirs : Boileau, Helvétius, Franklin les habitèrent ; Lafontaine, Molière, Racine et d'Aguesseau venaient s'y délasser.

Le fleuve passe ensuite à Issy, situé sur une colline peu distante de la rive gauche, et dont les délicieuses maisons de campagne possèdent des jardins bien dessinés et arrosés par des eaux limpides. Celle du séminaire Saint-Sulpice fut jadis habitée par la reine Marguerite. On voit encore dans ses caves les restes d'un bâtiment que l'on croit faussement avoir appartenu à un temple d'Isis, et d'où quelques auteurs font venir le nom d'Issi : jamais cette déesse ne fut adorée dans les Gaules. La SEINE baigne ensuite les limites des deux départements de la Seine et de Seine-et-Oise. Le regret de quitter Paris lui a fait alors ralentir sa course et suivre ces sinuosités infinies qui lui tracent une route de trente lieues pour arriver à Poissy, éloigné seulement de six lieues de la capitale. On croirait, sur la carte, voir un serpent aux replis tortueux, dont la queue finirait à Paris, et dont la tête s'étendrait de Poissy à Rolleboise. Au Bas-Meudon, le fleuve se partage en deux bras pour former plusieurs îles ombragées où les Parisiens, après leurs promenades sur l'eau, viennent manger en été d'excellentes matelotes. Sur la rive gauche on aperçoit la manufacture des bouteilles dites de Sèvres.

La colline continue à dérouler, à l'occident, une suite de paysages enchanteurs : c'est d'abord Meudon avec ses bois immenses et son château, construit par Philibert Delorme pour le cardinal de Lorraine, et acquis par Louis XIV en échange de Choisy-le-Roi. Du haut de sa belle terrasse, l'œil plonge sur Paris, le bois de Boulogne et la SEINE dont les replis, bordés de prés fleuris, de champs bien cultivés, de palais et de

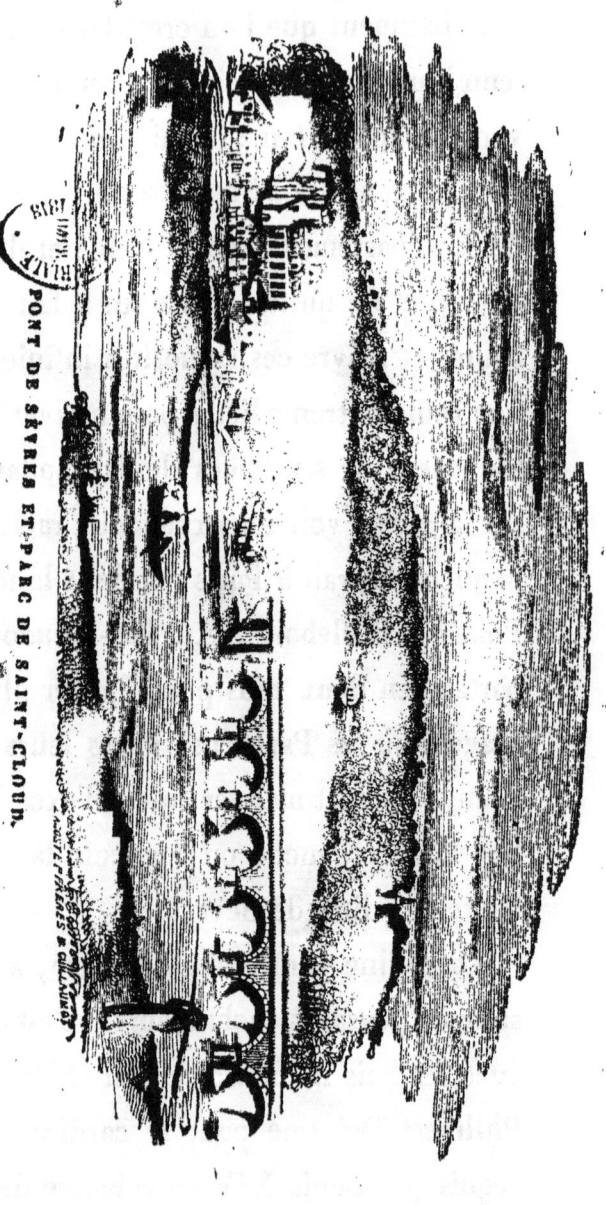

PONT DE SÈVRES ET PARC DE SAINT-CLOUD.

jardins magnifiques, donneraient à penser que les merveilles de la vallée de Tempé ont été transportées sur ses bords. Ne quittons pas Meudon sans visiter sa rustique église, dont le plaisant Rabelais fut jadis le pasteur; nous gagnerons ensuite Bellevue, situé sur la même colline, et qui possédait aussi son château, bâti pour Madame de Pompadour, et dont on voit encore les restes; puis nous redescendrons à Sèvres visiter ses manufactures de porcelaine, de faïence et d'émaux, et nous admirerons la solidité de son beau pont, où l'armée prussienne éprouva, en 1814, ce que peuvent la valeur et le patriotisme des Français contre l'avantage du nombre et de la position. Un parc magnifique borde ensuite la rive gauche de la SEINE, et s'élève en amphithéâtre jusqu'au sommet des monts; c'est le parc de Saint-Cloud avec sa cascade superbe et son curieux belvédère, appelé la lanterne de Diogène. Les eaux jaillissantes des bassins entourés de groupes, de statues et de bosquets, offrent un coup d'œil enchanteur, et la symétrie ne produit point dans ce parc une ennuyeuse monotonie. Le château, somptueusement décoré, fut tour à tour maison de plaisance des Gondi et palais des princes du sang; ses murs ont vu Henri III tomber sous le poignard d'un assassin, aux lieux mêmes où avait été résolue la saint Barthélemy, et ses fenêtres ont favorisé la fuite du conseil des Cinq-Cents, tremblant devant les baïonnettes du général Bonaparte. A l'extrémité du parc, le pont de Saint-Cloud établit une communication facile avec la capitale, par le village et le bois de Boulogne. Rien n'est plus curieux à voir que les flots immenses de la population parisienne, qui se pressent sur cette route pendant la foire du mois de septembre. Le bourg a aussi quelques droits à notre attention. Appelé, du temps de nos premiers rois, Nogent-sur-Seine, il possédait un couvent que fonda le jeune prince Clodoald, échappé aux poignards de ses oncles Childebert et Clotaire, qui le firent raser comme incapable de gouverner un état. Après sa mort, Clodoald fut honoré comme saint, sous le nom de saint Cloud, et le bourg qui lui avait servi de retraite le prit pour son patron.

Plus loin s'élève, comme un dôme dans les airs, le mont Valérien, dont l'obscur ermitage, embelli par les soins des missionnaires, fut longtemps le rendez-vous des pèlerins qu'une curiosité profane, à défaut de sentiments pieux, y attirait en parties de plaisir. Au pied de la montagne sainte, Surène offrait aux buveurs sa piquette passée en proverbe, et retenait, au milieu de leur pèlerinage, ceux dont le courage faiblissait à la vue de la côte rapide où il fallait porter sa croix pour arriver au Calvaire. Le lieu saint a été vendu à l'encan, mais le village de Surène n'a rien perdu de sa célébrité. On aime à visiter les lieux où Henri IV se convertit au catholicisme, et l'on se rappelle en souriant le présent que Sully lui faisait de quelques bouteilles de *son bon vin de Surène*. Ce village a conservé la belle et touchante cérémonie de la rosière, qui fit la gloire de Salency. Sur l'autre rive, avec laquelle on communique par un bac, était jadis l'abbaye de Longchamps, dont la musique religieuse attirait à l'office des ténèbres le monde élégant de la capitale pendant la semaine sainte. C'est maintenant une promenade plus que profane : les jeunes gens parcourent à cheval la chaussée et les avenues du bois de Boulogne, entre deux lignes de voitures élégantes, tandis que la bourgeoisie erre à pied sur les contre-allées ou sous les futaies, souvent témoins des rendez-vous des spadassins et des amants.

Le fleuve se partage, au-dessous de l'abbaye de Longchamps, en deux bras : l'un va baigner le village de Puteaux, traversé par la route de Normandie et embelli par de nombreuses maisons de campagne, qui rivalisent entre elles de beauté. Madame de Coislin possède la plus remarquable. L'autre bras de la Seine continue à longer le bois de Boulogne et passe devant Bagatelle, petit château tour à tour témoin des folies de jeunesse de nos princes et de leurs jeux enfantins. Longtemps en vente faute d'acquéreur, Bagatelle vient d'être acheté par lord Yarmouth qui n'épargne rien pour en faire un séjour magnifique. A Neuilly, un superbe pont de cinq arches se fait remarquer par une hardiesse et une élégance qui ne nuisent en rien à sa solidité ; sa construction est due au malheur qui menaça la France, lorsque Henri IV et sa famille faillirent être engloutis par les flots en traversant la Seine dans un bac. Au bas du pont, une île magnifique se mire dans les eaux ; c'est une dépendance du parc de Neuilly et du château de la famille d'Orléans, qui s'étendent sur la droite du fleuve. En regard de ce séjour enchanteur, on aperçoit, sur une colline, Courbevoie et ses vastes casernes, qu'on laisse sur la gauche, et l'on arrive à Clichy-la-Garenne, village d'une haute antiquité. Dagobert se plaisait à habiter son château de Clichy, où se célébra son mariage et où se tint en sa présence un concile provincial. L'abbé Châtel, prétendu primat de l'Église française, n'a pas craint d'installer son collègue Auzou dans la cure de Clichy, et d'invoquer le patronage de saint Vincent de Paul, qui en avait été le pasteur. Le bac, sur lequel on tra-

NEUILLY.

versait la Seine pour se rendre à Asnières, est remplacé maintenant par un pont, bâti à la pointe de deux petites îles couvertes de pâturages. Le village d'Asnières, situé dans une position agréable, possède plusieurs belles maisons de campagne et un château qui a appartenu à M. le comte d'Argenson.

Un peu au-dessous de Clichy, et sur la même rive, Saint-Ouen montre avec ostentation sa gare nouvellement construite, et ses deux puits artésiens qui en rafraîchissent les eaux. Ses magnifiques et nombreuses maisons de campagne rivalisent de beauté avec celle de M. Ternaux, qui est située sur l'emplacement d'un palais de nos anciens rois. Ce village était le siége de l'ordre de l'Étoile, fondé par Jean-le-Bon; sa pompeuse devise, *monstrant regibus astra viam*, ne l'empêcha pas d'être tellement avili, qu'il fut abandonné aux chevaliers du guet. L'île Saint-Ouen, l'île Saint-Denis et plusieurs autres, commencent en cet endroit un petit archipel, dont le charme enchanteur attire, durant la belle saison, les Parisiens qui aiment les promenades sur l'eau.

A la hauteur de ces îles on aperçoit, sur la droite, la ville et le clocher de Saint-Denis, dont l'antique abbaye, destinée à la sépulture de nos rois, présente la plus riche collection de beaux monuments. Dévastée pendant la révolution, son église était sans toit et sans autel; mais elle a été restaurée et se montre plus magnifique que jamais. Un chapitre de dix chanoines, choisis parmi d'anciens évêques, est chargé de la desservir. La ville est arrosée par plusieurs petits ruisseaux, qui se réunissent et vont se jeter, sous le nom de Rouillon, dans la SEINE, à la même embouchure que l'embranchement du canal de l'Ourcque, appelé canal Saint-Denis. Au port de la Briche, il faut visiter son château, habité jadis par Gabrielle d'Estrées. Le hameau n'est qu'une dépendance du village d'Épinay, que nous apercevons devant nous, entre la grande route de Rouen et la SEINE. Les rois de la première race avaient une maison de plaisance à Épinay, qui, alors, était une ville. Dagobert y tint une assemblée de seigneurs, où il fit son testament, et il y mourut bientôt après. Il ne reste plus d'autre trace de la splendeur passée de cette ville, que ses nombreuses et belles maisons de campagne qui bordent le fleuve, et parmi lesquelles se distingue celle de madame de Montmorency-Luxembourg, et une autre en forme de T, lettre initiale du nom de son premier propriétaire.

Au-dessous d'Épinay, les diverses branches du fleuve se rassemblent et forment un coude, pour border le

ILE SAINT-DENIS.

SAINT-DENIS

département de Seine-et-Oise jusqu'à Chatou, comme il l'avait déjà fait depuis Meudon jusqu'à Surène. Il arrose d'abord Argenteuil, célèbre moins encore par ses vignobles et ses plâtrières, que par les ruines de son ancien prieuré, où se retira Héloïse, la tendre amante d'Abeilard, avant d'aller au Paraclet. Sur son territoire est le château du Marais, dont les jardins, admirablement distribués et arrosés, s'étendent jusqu'au bord de la Seine, en face de deux petites îles et de la belle propriété du Moulin-Joly. Le fleuve passe ensuite à Besons, où se tient la grande foire de Saint-Fiacre, et que traverse la nouvelle route de Paris à Maisons. Puis il arrose les carrières Saint-Denis, et passe sous le pont de Chatou, village charmant situé sur la nouvelle route de Saint-Germain par Nanterre; alors côtoyant, de sa rive droite, le magnifique bois de Vésinet, appelé jadis bois de *la trahison*, pour les méfaits des Anglais et des Normands, il laisse sur la gauche Ruel et sa vaste caserne, la Malmaison et son séjour enchanteur que chérissait l'impératrice Joséphine, et il coule aux pieds d'une chaîne de collines dont il a été séparé par la route de Normandie. Sur le penchant des coteaux on aperçoit le château de la Jonchère et le village de Bougival. A leurs pieds s'étend le hameau de la Chaussée, appelé

Charlevanne du temps des Carlovingiens. Charles-Martel y avait établi une pêcherie; les Normands s'en rendirent maîtres et en firent une position militaire d'où Charles-le-Chauve eut de la peine à les chasser. Les nombreuses îles qui partagent la SEINE depuis Besons jusqu'à Marly servirent longtemps aussi de quartiers d'hiver aux pirates normands. Au port Marly, les eaux de la SEINE sont amenées, à six cents pieds d'élévation, par une machine ingénieuse, mais compliquée, qu'inventa Rennequin Sualem, et qui passait pour un chef-d'œuvre avant les progrès récents de la science hydraulique. Son dispendieux entretien a fait songer à lui substituer une pompe à feu. Arrivées sur la hauteur, les eaux sont reçues par le bel aquéduc, long de 380 toises, et dont, depuis Argenteuil, on apercevait les arches élancées; puis elles sont versées dans les réservoirs du parc de Marly et vont alimenter Versailles.

Sur le coteau voisin s'élève Saint-Germain-en-Laye, ville jolie et bien peuplée, que le voisinage de Paris enrichit d'une société agréable et bien choisie; la beauté des environs, la richesse des sites, la pureté de l'air en feront toujours un des séjours les plus enchanteurs de la France. Louis-le-Gros et ses successeurs y habitèrent souvent, comme on le voit par plusieurs diplômes datés de ce lieu. François Ier fit construire le vieux château sur l'emplacement de la maison de Jacques Coitier, médecin de Louis XI. Ce palais, que l'on voit encore sur le sommet de la montagne, servit de retraite aux amours de Mme de la Vallière, et d'asile aux malheureux Stuart; maintenant il est transformé en *pénitentier* militaire; mais la partie appelée le Château-Neuf, que Henri IV fit construire sur la pente de la colline, ne présente plus que quelques débris des fondations. La terrasse qui borde la forêt est la plus belle promenade dont on puisse jouir, sous le rapport de la richesse et de l'étendue de la vue. Ce qui détermina Louis XIV à quitter le château de Saint-Germain, c'était, dit-on, la triste impression qu'il éprouvait toutes les fois que, du haut de la terrasse, ses regards découvraient le clocher de Saint-Denis, dernière et lugubre habitation de nos rois : faiblesse qu'il est permis de supposer dans le superstitieux auteur des *Dragonnades*.

La Seine arrose seulement la basse ville, appelée aussi le faubourg du Pec, où, par un pont récemment achevé, passe la nouvelle route de Paris, qui part du château, et descend en serpentant le long de la colline.

Le fleuve côtoie ensuite la terrasse du parc, et la forêt de Saint-Germain, sans rencontrer d'autre village que Maisons, célèbre par son château, bâti d'après les plans de Mansard, au commencement du règne de Louis XIV. Une route partant de cet endroit, devait dès-lors aller rejoindre en droite ligne la route de Neuilly, en évitant un circuit de trois lieues; mais elle avait été abandonnée aussitôt que commencée. L'établissement d'un bateau à vapeur allant de Maisous à Rouen, entretient une communication facile et peu dispendieuse entre Paris et le Havre. L'entretrepreneur de ce bateau, M. Parquin, n'a rien omis pour le rendre agréable aux artistes et aux amateurs de voyages, que la beauté des bords de la SEINE engage à faire le trajet pendant la belle saison. On aperçoit ensuite sur la rive droite du fleuve, Sartrouville, La Frette et Herblay, et on arrive à Conflans-Sainte-Honorine. Ce village possédait autrefois un monastère où l'on conservait les restes sacrés de sainte Honorine, dont on ignore les actes et la vie. L'apparition des pirates normands, qui se dirigeaient vers Lutèce en côtoyant les bords du fleuve, jeta l'épouvante parmi les moines de ce couvent; ils s'enfuirent, emportant avec eux les reliques de la vierge martyre, et les confièrent en dépôt aux habitants

LE PECQ.

de Graville, près Harfleur. La présence de la sainte ne tarda pas à se révéler par des miracles, et comme elle rendait surtout, dit une vieille chronique, la liberté aux captifs, les paladins, les archers, les gens d'armes y affluaient sans cesse sous le costume de pèlerins. Jaloux de la prospérité de Graville, le diocèse de Paris réclama les précieuses reliques, qui furent rapportées en grande pompe à Conflans; mais la foule continua de se porter au sarcophage resté à Graville, et Conflans n'y gagna que des cendres, tant est vraie la fable des *Devineresses*. Ce village doit son nom au *confluent* de l'Oise, rivière qui prend sa source dans les Ardennes, arrose Guise, devient flottable à La Fère, navigable à sa jonction avec l'Aisne, au-dessus de Compiègne, passe à Pont-Sainte-Maxence, Creil, Beaumont et Pontoise, et vient se jeter dans la Seine, au-dessous de Conflans-Sainte-Honorine, après avoir tracé de grandes sinuosités entre deux bordures de côtes, dont quelques-unes sont couvertes de bons vignobles.

Sur l'autre rive de l'Oise, en regard de Conflans, s'élève, sur le penchant de la colline, le village d'Andrésy, dont Jules César, les Normands et les Anglais firent tour à tour un poste militaire, pour dominer la navigation de la Seine, de l'Oise, de la

Marne et de tous les autres affluents de ces bassins. Le vignoble, qui occupe la côte derrière Andrésy, est justement célèbre et donne le meilleur vin du canton. Nous ne sommes plus qu'à une petite distance de Triel ; mais le fleuve, continuant ses sinuosités, fait, avant d'y arriver, un détour immense et va arroser Poissy. Cette petite ville, fort ancienne, située entre la forêt de Saint-Germain et la rive gauche de la SEINE, n'est éloignée de Paris que de six lieues environ, quoique par eau on en compte une trentaine. Les premiers rois de la troisième race y avaient un palais dans lequel saint Louis reçut la naissance et le baptême, et ce prince aimait à prendre le titre de Louis de Poissy. Philippe-le-Hardi fit bâtir une magnifique église sur l'emplacement du château, et choisit, pour le grand-autel, l'endroit même où était le lit de la reine Blanche lorsqu'elle accoucha de saint Louis. Aussi le chevet de l'église n'est pas tourné vers l'Orient, selon l'usage autrefois général d'affecter cette position. Poissy est encore illustre par le fameux colloque où le cardinal de Lorraine plaida la cause des catholiques, et Théodore de Bèze celle des protestants. Leur éloquence n'empêcha pas cette assemblée d'aigrir, pour tout résultat, l'animosité des deux partis qu'on voulait concilier. Il se tient toutes les semaines, à Poissy,

CONFLANT-SAINTE-HONORINE.

un marché de bestiaux pour l'approvisionnement de la capitale, et il y a une caisse de commerce où, pour un modique intérêt, les bouchers peuvent acheter à crédit, sous la responsabilité solidaire de tous les membres de leur corporation. Le pont, placé au bout de la ville, n'est pas moins remarquable par sa longueur que par l'agrément de sa vue. Il serait seulement à désirer de voir disparaître les masures qui couvrent les arches du milieu.

Une galiote qui part de l'extrémité du pont pour se rendre à Rolleboise fait partie des véhicules économiques de Paris à Rouen par les batelets et les mazettes. Nous laissons d'abord sur la gauche les villages de Vilaine, de Verneuil, et une foule d'îles couvertes de pâturages ; car la SEINE ne cesse, jusqu'à Rouen, de se diviser en plusieurs bras. A notre droite, nous voyons Triel bâti sur le penchant d'une colline. On remarque dans l'intérieur de l'église un tableau original du Poussin représentant l'adoration des mages ; le pape l'avait donné à Christine de Suède pendant son séjour à Rome ; après la mort de cette princesse, un de ses valets de chambre, nommé Poiltenet, en fit présent à Triel, son pays natal. On distingue encore la beauté du chœur, que l'on croit avoir été bâti par François Ier, et sous lequel passe une rue au moyen d'une voûte qui le supporte. Le fleuve, poursuivant sa route, passe ensuite à Vaux-les-Moustiers, où l'agriculteur Caillault fit, il y a quelques années, des essais importants pour l'économie rurale. C'est le nom de ce village qui a donné naissance à un jeu de mots répandu dans le pays : Triel, *Vaux*, Meulan, énumération géographique qui donne à Triel une importance dont il est loin d'être digne.

Parmi les îles nombreuses de la SEINE, il nous faut remarquer, en arrivant à Meulan, l'île du Fort, où il y avait autrefois une tour dont on aperçoit quelques ruines ; et, au-delà du pont, Ile-Belle, appelée aussi Ile de Délos, que le savant académicien Bignon prit soin d'embellir, au siècle dernier, par de grandes constructions et des plantations magnifiques. On voit une maison de campagne curieuse par sa position et la distribution de ses appartements, dont chacun a pris le nom du sujet qui y est représenté. Dans les jardins s'élèvent à travers le feuillage de légers et charmants pavillons qui achèvent d'en faire une île enchanteresse ; malheureusement cette propriété a perdu de son ancienne splendeur. La ville de Meulan, bâtie en amphithéâtre sur la rive droite du fleuve, était autrefois une place très-forte qui avait ses comtes. Réunie à la couronne sous Philippe-Au-

POISSY.

MEULAN.

TRIEL.

guste avec tout le comté, cette ville n'en resta pas moins la capitale du Pincerais, pays qui s'étendait depuis Poissy jusqu'à Mantes. Elle eut beaucoup à souffrir surtout des ravages des Normands, qui s'en emparèrent, massacrèrent les seigneurs et le comte du pays, et passèrent la garnison au fil de l'épée. Les poëtes du moyen-âge n'ont pas manqué de célébrer ses désastres :

> Donc ont porpris Meullent et toute la contée,
> Les barons ont occis et la terre gastée…

dit Wace dans son roman du Rou.

Meulan est traversé par la petite rivière de Viourne, qui vient se jeter dans la SEINE au sortir de la ville. Le fleuve côtoie ensuite pendant plusieurs lieues des îles nombreuses et pour la plupart très-riantes, et nous arrivons à Mantes, dont on aperçoit de loin les tours majestueuses, sans rencontrer d'autres villages que Jusiers et Porcheville sur la rive droite, et Mézy sur la gauche. La belle situation de cette ville lui a fait donner le surnom de jolie : ses maisons de campagne et ses environs charmants lui ont confirmé ce titre. La SEINE, en entrant dans Mantes, reçoit la petite rivière de Vaucouleurs, et embrasse quelques îles, dont la plus belle porte le nom d'île d'Amour, auquel elle a des droits incontestables : plusieurs allées d'ormes y forment une espèce de cours et vont aboutir à l'un des plus beaux ponts de France, composé de trois arches de cent vingt pieds de longueur chacune, qui conduit sur la rive droite où est situé Limay, que l'on pourrait appeler un faubourg de la ville. Mantes était autrefois défendue par une citadelle que Henri IV fit détruire à la prière des habitants, et on voit des restes de fortifications et de vieux murs qui faisaient jadis son enceinte; sa fondation remonte, dit-on, au temps des druides, et l'on cite à l'appui de cette assertion le guy de chêne qu'elle avait pour armoiries, et auquel Charles VII ajouta la moitié de ses armes composées d'une seule fleur de lys. Mantes fut brûlée par Guillaume-le-Conquérant, prise par Charles-le-Mauvais, reprise par Du Guesclin, et se distingua surtout pendant les troubles de la Ligue.

En sortant de Mantes, le fleuve ne tarde pas à longer les bois immenses que Sully vendit pour aider son maître à reconquérir le trône. Au milieu de ces bois sont situés le village et le château de Rosny, dont la possession passa des mains de M. Archambaut de Périgord dans celles de la duchesse de Berri. Cette prin-

BOLLEBOISE.

cesse se plut à l'embellir ; elle y fit élever une chapelle où est déposé le cœur de son auguste époux, et fonda un hospice tout à côté : rapprochement juste et touchant ; car la bienfaisance est la source la plus féconde des consolations terrestres. Rolleboise, peu distant de Rosny, n'a d'autre célébrité que sa galiote qui vient de Poissy, et ses pataches qui mènent à Rouen. La Seine s'écarte ici de la route de Normandie, qu'elle suivait depuis Poissy, et fait une sinuosité immense pour venir la rejoindre à Bonnières, éloigné seulement d'une lieue de Rolleboise. Elle est forcée de faire ce détour par une haute roche à laquelle on arrive

« Par un chemin montant, sablonneux, malaisé ;
» Et de tous les côtés au soleil exposé. »

La Fontaine.

Du sommet de la hauteur, l'œil s'égare à loisir dans la plaine, depuis Mantes et Rosny jusqu'à la Roche-Guyon, situé à l'extrémité de la presqu'île que forme le repli de la Seine ; on voit le fleuve laisser d'abord sur sa rive gauche Mousseaux et Moisson, sur sa droite Saint-Martin et Verneuil, et l'on aperçoit Haute-Ile.

« C'est un petit village ou plutôt un hameau,
» Bâti sur le penchant d'un long rang de collines,

» D'où l'œil s'égare au loin dans les plaines voisines.
» La Seine au pied des monts que son flot vient laver,
» Voit du sein de ses eaux vingt îles s'élever.
» Le village au-dessus forme un amphithéâtre ;
» L'habitant ne connaît ni la chaux ni le plâtre,
» Et dans le roc qui cède et se coupe aisément
» Chacun sait de sa main creuser un logement. »

Boileau.

La maison seigneuriale de Haute-Ile, dont on voit encore les restes, a appartenu à un neveu de Boileau. Ce poète y fit de fréquents séjours et la célébra dans les vers que nous venons de rapporter. Une demi-lieue plus loin, sur le penchant de la colline, s'élève la Roche-Guyon, joli bourg bâti en forme de croissant et appuyé sur le bord de la Seine. Son château, solidement construit au pied de la roche, est flanqué de tours et environné de fossés ; il se compose irrégulièrement de bâtiments anciens et modernes construits à trois ou quatre époques différentes. Au-dessus du château on voit une grosse tour élevée sur le haut de la roche vive. Cette espèce de forteresse fut prise, sous Charles VI, par le comte de Warwik, général anglais. Le vainqueur de Cérisolles, François de Bourbon, comte d'Enghien, y fut tué par un coffre que ses ennemis, jaloux de sa gloire, lui jetèrent sur la tête par une fenêtre du château. On soupçonna de ce crime un

LA ROCHE-GUYON.

seigneur italien ; François Ier étouffa l'affaire de peur d'y voir impliqués le dauphin et le marquis d'Aumale de la maison de Lorraine.

Le fleuve revient ensuite sur ses pas et arrose Freneuse, célèbre par ses petits et excellents navets à écorce jaune comme son terrain sablonneux ; Bonnières, qui n'a d'autre importance que d'être un relai de la route de Rouen ; puis il passe à Jeufosse, où les Normands campèrent plusieurs fois, et reçoit à Limets l'Epte, qui se précipite dans ses bras par une double embouchure vis-à-vis de Port-Villez. Cette petite rivière a sa source dans les monts qui séparent Neufchâtel de Gournay, traverse cette dernière ville et celle de Gisors, en servant, dans presque toute son étendue, de limite à la Normandie et au département de l'Eure. La SEINE, grossie par l'Epte et désormais normande, baigne d'abord Giverny, premier village qu'elle rencontre en sortant de l'Ile-de-France ; puis nous entrons dans Vernon, petite ville ancienne et commerçante qui communique avec Vernonnet, l'un de ses faubourgs, par un pont de vingt-deux arches. Elle était autrefois très-fortifiée et possède encore une grosse tour où sont conservées ses archives. Placée sur les confins des possessions des rois de France et d'Angleterre, elle a eu beaucoup à souffrir de leurs longues rivalités. C'est contre un seigneur de cette ville que fut rendu, sous saint Louis, un arrêt remarquable, par lequel le sire de Vernon fut condamné à dédommager un marchand qui avait été dévalisé en plein jour dans l'étendue de sa juridiction seigneuriale. Une loi qui remontait aux capitulaires de Charlemagne obligeait les seigneurs à garder les chemins depuis le lever jusqu'au coucher du soleil, à cause du droit de péage qu'ils percevaient.

Après s'être prolongé de compagnie avec la grande route pendant plusieurs lieues, le fleuve la quitte subitement au Goulet, où il recommence à serpenter comme au sortir de la capitale. Sur la rive droite se distinguent les villages de Pressaigny, Courcelles et Bouaffe, et, entre les deux premiers, Port-Mort, qui seul mérite notre attention. C'est dans le sanctuaire de son église que Blanche de Castille fut mariée à Louis VIII; car ce prince ne put trouver dans les états de son père, frappé d'interdit, un lieu pour faire consacrer cette union que la France et l'Angleterre appelaient de leurs vœux. Nous laissons ensuite sur la gauche Thony ou Toeny, habitée jadis par Bertrade de Montfort, l'une des quatre femmes de Foulques, surnommé pour sa laideur le réchin ou le réchigné, qui, en mari complaisant, la céda au roi de France Philippe-le-Gros, son amant et son ravisseur.

Nous apercevons distinctement devant nous les ruines imposantes de Château-Gaillard, dont le nom indiquait la force. Bâti par Richard-Cœur-de-Lion, pour dominer la navigation de la Seine et couvrir la Normandie, ce château a pris un rang illustre dans les fastes civils et militaires. Le sang des braves ruissela maintes fois au pied de ses murs, et celui de royales victimes arrosa ses fossés profonds et ses sombres cachots. La reine de France, Marguerite de Bourgogne, y fut étranglée avec ses cheveux ou avec un linceuil par les sicaires de son époux, Louis-le-Hutin, justement irrité de ses déportements. Charles de Melun y fut voué aux plus épouvantables supplices par la vengeance du cardinal de La Balue, qui ne put jamais pardonner ni à lui, ni à plusieurs autres, d'avoir été ses protecteurs. En descendant des hauteurs de Château-Gaillard, vous découvrez les Andelys dans la plaine riante qu'arrose le Gambon. Cette ville est plus agréable à voir, dans le paysage où elle est encadrée, qu'à visiter dans son intérieur; elle est divisée en deux parties : le petit Andelys, placé sur le bord de la Seine, au confluent du Gambon, communique avec le grand, par une chaussée d'un quart de lieue. Cette ville est la patrie de Blanchard, l'aéronaute, et du Poussin, dont elle possède plusieurs chefs-d'œuvres; Thomas Corneille, le frère du grand tragique, l'habita souvent, et l'on montre encore aux étrangers une maison qu'on dit avoir été la sienne. Auprès des Andelys est la source miraculeuse de sainte Clotilde, que la superstition a longtemps honorée d'une grande vénération. Elle avait la vertu, disait-on, de guérir tous les maux, et surtout de donner la fécondité aux femmes stériles. Pour aider son efficacité, les deux sexes venaient autrefois se baigner ensemble dans ses eaux glaciales.

En s'éloignant du petit Andelys, la SEINE passe aux villages de Roquette et de Muids, situés sur la même rive, et se dirige droit vers Louviers, qu'elle semble vouloir aller arroser; mais, réflexion faite, elle se détourne tout d'un coup à Vironvay, de la ligne qu'elle suivait, et redescend vers le nord, ayant Andé et Herqueville à sa droite, Portejoye, Tournedos et Pose à sa gauche, placés tous trois dans une presqu'île formée par l'Eure et le fleuve. Vis-à-vis du dernier de ces villages, la petite rivière d'Andelle débouche par un vallon charmant, coupé de diverses cultures et semé de hameaux, parmi lesquels se distinguent les jolies fabriques d'Amfreville-les-Monts. Des hau-

CHATEAU GAILLARD.

teurs environnantes, on voit l'Andelle et le fleuve qui va l'entraîner dans son cours, se fuir, se rapprocher et se confondre enfin en descendant vers Pont-de-l'Arche. Sur la pointe de la colline occidentale que baigne l'Andelle, s'élève le village de Pitres. Il possédait autrefois un château royal, et l'empereur Charles-le-Chauve y tint une assemblée de seigneurs et d'évêques, qui a quelquefois pris le titre de concile dans nos historiens.

C'est auprès des confluents des eaux que se retrouvent la plupart des fictions d'amour, comme si de délicieuses allégories avaient dû consacrer partout le mariage salutaire des eaux. Les fables ravissantes de Céix et Alcyone, d'Héro et Léandre, d'Aréthuse et Alphée, n'ont probablement pas d'autre origine. Le confluent de l'Andelle a aussi ses mystères d'amour à nous raconter. Sur le petit revers du coteau où s'étendent maintenant les maisons rustiques d'Amfreville, se déployaient jadis les hautes murailles d'un puissant château, dont les ruines ont disparu depuis longtemps. Là régnait un tyran; sa fille, d'une rare beauté, inspira une passion violente à un chevalier du voisinage, qu'elle aimait. Le père de la damoiselle, voyant leur amour d'un œil défavorable, attacha à leur union une condition, dont les caprices féroces du pouvoir blasé expliquent à peine la brutale folie. Le chevalier ne devait obtenir le titre d'époux qu'après avoir, sans se reposer ni s'arrêter, porté son amante sur ses épaules, du pied de la côte au sommet, par le sentier rapide qui s'élève audacieusement vers le ciel. Rien n'étonne son courage, n'affaiblit sa résolution. Il part,

> « Déjà de ce coteau le plus rude est franchi;
> « Son pas n'a point changé, son corps n'a pas fléchi.
> « Son fardeau le soutient. »
>
> Ducis.

Il est près d'arriver aux pavillons magnifiques élevés sur la plate-forme où les juges l'attendent pour le couronner : tout à coup, il chancelle, il tombe; la jeune fille le relève, et, voyant que ce n'est plus qu'un cadavre, elle le prend dans ses bras et se précipite avec lui du haut de la roche[1]. Le vieux châtelain, accablé de douleur, fit élever sur la plate-forme, une chapelle funéraire qui devint un vaste moutier, appelé le Prieuré des Deux-Amants. Une maison de plaisance a remplacé l'édifice religieux, dont il ne reste plus rien, pas même ces débris enlacés de vieux lierres qui inspi-

---

[1] Nous avons vu ailleurs que la mort de la fiancée est racontée diversement.

CÔTE DES DEUX AMANTS

PONT DE L'ARCHE.

rèrent à Ducis les belles pages du poëme où il célèbre l'infortune des deux amants d'Amfreville.

A peine le fleuve s'est-il éloigné de ces lieux pleins de souvenirs tragiques, que l'Eure vient à son tour apporter à la rive opposée le tribut de ses eaux. Cette rivière, partie des étangs situés entre Mortagne et Verneuil, sur les confins d'Eure-et-Loir, traverse ce département dans toute sa largeur, arrose Chartres et Louviers, passe à Notre-Dame-du-Vaudreuil, qu'on aperçoit sur la gauche, et vient se jeter dans LA SEINE vis-à-vis du village du Manoir. Le fleuve descend ensuite vers Pont-de-l'Arche, dont nous apercevons les clochers et les tours ruinées. L'empereur Charles-le-Chauve est le fondateur de cette ville, et lui a donné ce nom, qui embarrasse les étymologistes malgré son apparente simplicité. Longtemps l'une de nos meilleures places fortes, Pont-de-l'Arche fut avide de gloire militaire et soutint plusieurs siéges illustres. Ses habitants réclament avec orgueil l'honneur d'avoir les premiers ouvert leurs portes à Henri IV, forcé de reconquérir son royaume. Un pont de vingt-deux arches sert de passage à la route de Rouen, qui descend de Louviers à travers la forêt, et remonte ensuite la côte pour regagner à Port-Saint-Ouen les rives du fleuve. On voit encore à l'extrémité de ce pont les traces du château et de la tour qui en défendaient l'entrée.

Au-dessous de Pont-de-l'Arche, LA SEINE, après avoir passé au petit port de Criquebeuf, se multiplie pour enceindre plusieurs îles verdoyantes; puis elle entre, à la hauteur de Freneuse, dans le département de la Seine-Inférieure, qu'elle ne doit plus quitter, et se hâte d'aller vivifier la riche et commerçante ville d'Elbeuf. Malgré le coup fatal que la révocation de l'édit de Nantes a porté à son industrie, cette ville a toujours soutenu la réputation qu'elle s'est acquise par ses manufactures de draps, rivales de celles de Louviers. Elle fut longtemps un duché-pairie, appartenant à la maison de Lorraine; maintenant elle est devenue simple chef-lieu de canton. L'une des îles formées par la SEINE, dans le voisinage d'Elbeuf, portait le nom d'Oscelle ou Oissel au temps des pirates normands, et leur servit maintes fois de retraite. Plusieurs mémoires lus à l'Académie des inscriptions et belles-lettres n'ont pu préciser laquelle; dans le doute, nous nous abstiendrons, sans perdre notre temps à disserter après cet illustre corps.

Au bout de la petite plaine d'Elbeuf, une suite de rochers, la plupart escarpés, couverts d'arbres toujours verts, se prolongent sur les bords de la rivière

ELBEUF.

pendant une longueur considérable, et dérobent aux regards la forêt de Rouvray. Tantôt ces rochers offrent plusieurs étages dans lesquels les hommes se sont creusé des demeures; tantôt ce sont des morceaux de rocs pendants, toujours prêts à s'écrouler. Il est même quelques-uns de ces sites qui présentent quelque chose d'effrayant, et qu'on est surpris de rencontrer le long d'un fleuve dont les eaux coulent si paisiblement. Entre les pieds de ces rochers et les bords de la SEINE règnent le village d'Orival, qui leur a donné son nom, le village d'Oissel-la-Rivière et celui de Saint-Étienne, où commence la plaine de Sotteville, qui s'étend jusqu'à Rouen qu'on aperçoit depuis Elbeuf.

En portant ses regards vers l'autre rive, l'âme semble soulagée des belles horreurs qu'elle vient d'admirer par la vue des bords riants et des îles couvertes d'arbres, entrecoupées de chaumières d'une couleur et d'une construction singulières. Là, se pressent entre les côtes et le fleuve une suite de villages beaucoup plus jolis et plus nombreux que ceux de la rive gauche. C'est d'abord Saint-Aubin vis-à-vis d'Elbeuf, dont il serait un faubourg s'il y avait un pont qui facilitât leur communication; plus loin, c'est le port Saint-Ouen, où l'on s'embarque dans le bateau de Rouen pour le modique prix de quatre sous; Saint-Crespin,

Amfreville et Blaville, qui possèdent tous trois de belles maisons de campagne. Au-dessus du village de Port-Saint-Ouen, on aperçoit la côte que la malheureuse Nina gravit pendant quarante ans, malgré les neiges, les glaces, la chaleur et les orages pour aller chaque jour demander et attendre sur la route le bien-aimé que la mort lui avait ravi dans des pays lointains. Du sommet de la hauteur, on découvre, pour la première fois, en arrivant de Paris par la route d'en bas, la ville de Rouen et ses vastes environs. La SEINE présente alors un nombre infini d'îles de toutes formes et de toutes grandeurs, ressemblant à un archipel qui paraît en vouloir interrompre le cours. Les roches de Saint-Adrien, contiguës à la côte de Port-Saint-Ouen, sont d'un aspect très-pittoresque; puis vient la montagne de Belbeuf, que couronnent le parc et le château de ce nom, dont les vastes jardins intéressent par la magnifique vue qui se présente en arrivant au bord des terrasses. Les collines se prolongent ensuite jusqu'à la roche de Sainte-Catherine, dont la SEINE lave les pieds avant d'entrer dans Rouen.

Laissons un instant le fleuve suivre la pente qui l'entraîne, et gravissons la côte Sainte-Catherine pour nous y reposer un instant. Quand nous aurons fait une riche collection des coquillages fossiles que la montagne renferme dans son sein, nous irons à l'extrémité du Cours-Dauphin, appelé maintenant Cours-de-Paris, et du haut de la terrasse qui se trouve au bord de l'eau, près de l'église Saint-Paul, nous jouirons du plus magnifique aspect. A gauche, de beaux coteaux bornent l'horizon, et la Seine, dans ses replis tortueux, forme une chaîne d'îles verdoyantes, qui semblent aboutir à un grand lac. De l'autre côté du fleuve, une longue suite de prairies se prolonge depuis Saint-Étienne et Sotteville, dont les maisons et le clocher pittoresque occupent agréablement la vue, jusqu'au Cours-de-la-Reine ou Grand-Cours, placé à l'entrée du faubourg Saint-Sever, dont on aperçoit les casernes, la vieille église et les établissements de bains. A notre droite, la vallée du Robec et de l'Aubette nous laisse deviner dans le fond le bourg de Darnetal, et ouvre un passage à ces deux petites rivières qui viennent alimenter dans l'intérieur de Rouen de nombreuses manufactures, et se jettent dans la Seine, vis-à-vis l'île de la Croix, en traversant les quais sous une longue voûte.

Enfin devant nous, entre une double chaîne de collines, se déploie Rouen avec ses larges boulevarts, ses vastes faubourgs et ses nombreux monuments, qui relèvent la tête au-dessus des maisons entassées comme pour respirer à l'aise. A nos pieds surgissent d'abord les casernes de Martainville, qui règnent sur le Champ-de-Mars, l'église de Saint-Paul, construite sur les restes du temple d'Adonis, et celle de Saint-Maclou, dont la couverture maussade regrette la flèche légère qui surmontait autrefois sa lanterne. Derrière elles se grandissent les tours jumelles de la cathédrale, privées quelque tems de leur sœur aînée, pyramide élégante et légère qui devint la proie des flammes en 1822, et qui vient d'être reconstruite en février. La tour carrée, connue sous le nom de Saint-Romain, renfermait une sonnerie très-harmonieuse, composée de onze cloches ; il ne lui en reste plus que trois. L'autre tour, couronnée par une galerie, s'appelle la tour de Beurre, parce qu'elle fut construite des deniers ou aumônes perçus dans le diocèse pour obtenir la permission de se servir de beurre en carême. Dans cette tour était la fameuse cloche Georges-d'Amboise, du nom du cardinal qui l'avait donnée. Cette masse pesant quarante milliers se fêla au passage de Louis XVI, revenant de Cherbourg, et fut fondue quelques années plus tard pour les canons de la république. C'était la plus grosse cloche connue après celle de Moscou, dont on n'a pu faire aucun usage. Plus loin, le regard est arrêté par la haute nef de Saint-Ouen et

ROUEN.

ROUEN.

son petit clocher, qui attend encore la construction des tours. Dans le fond et sur la droite se groupent la tour gothique et délicate de Saint-Laurent, le clocher de Saint-Godard, l'église de Saint-Vivien et une foule d'autres, dont plusieurs sont transformées en magasins. Mais gardons-nous de confondre avec ces monuments religieux deux édifices que nous apercevons dans le quartier du sud-ouest : l'un est le Palais de Justice, bâti sous le ministère du cardinal d'Amboise, pour l'échiquier rendu permanent en cette ville; l'autre, c'est l'ancien Hôtel-de-Ville et la tour du Beffroi, où sont placées la principale horloge de Rouen et la cloche d'argent, que l'on sonne tous les soirs à neuf heures, suivant l'ancien usage du couvre-feu.

De notre observatoire, nous ne voyons que la superficie de la ville; il nous faut maintenant sonder son intérieur et nous engager dans ses rues étroites, tortueuses et mal bâties, où il règne toujours une admirable activité; nous traverserons la place de la Pucelle, où les Anglais firent brûler Jeanne d'Arc par une affreuse vengeance qui déshonora les bourreaux et immortalisa la victime. A l'ouest de la place, nous admirerons les sculptures de l'ancien hôtel de Bourgtheroulde, bâti au quinzième siècle, et où logea

François 1er, allant à l'entrevue du camp du Drapd'Or, qui est représentée dans les bas-reliefs. Nous irons ensuite visiter la Bourse, l'hôtel des Monnaies, celui de la Préfecture et les traces du château de Philippe-Auguste.

Quand nous serons las d'interroger les monuments de pierre, l'histoire civile de Rouen nous apprendra que cette cité est l'une des plus anciennes de la Gaule, et qu'on ignore l'étymologie de son nom latin *Rothomagus,* que quelques-uns rapportent au roi Magus, son fondateur, et d'autres aux mots celtiques *roth,* fleuve, et *magus,* bourgade. César ne parle pas de Rouen dans ses commentaires ; mais un siècle plus tard Ptolémée en fait mention comme de la capitale des Vélocasses. Elle fut longtemps soumise aux Druides, qui gouvernaient alors ces contrées. Sous les Romains, elle fut comprise dans la deuxième Lyonnaise ; sous les Francs, elle devint chrétienne et fit partie de la Neustrie. Elle partagea désormais le sort de cette province, et passa sous la domination des Normands, lorsque Charles-le-Simple fut obligé de céder à Rollon sa fille et une partie de son royaume. Les premiers ducs de Normandie agrandirent beaucoup Rouen du côté de la Seine. Le lit du fleuve s'avançait alors jusqu'au port Morand, auprès de la cathédrale, et embrassait plusieurs îles, où avaient été construites des églises. Les successeurs de Rollon réunirent les îles à la rive en comblant le canal qui les en séparait, et entourèrent Rouen de fortifications, qui en firent une des meilleures places fortes de l'époque. Guillaume-le-Conquérant réunit le duché de Normandie à la couronne d'Angleterre, et les rois de la Grande-Bretagne devinrent vassaux des rois de France. Après avoir longtemps disputé à nos voisins la possession de cette riche province, nous en sommes restés définitivement les maîtres, sous Charles VII, par l'expulsion des Anglais du continent. Rouen n'a eu depuis d'autres guerres à soutenir que les guerres de religion : Antoine de Bourbon, roi de Navarre, fut blessé mortellement en ouvrant la tranchée devant cette ville huguenote; Henri IV, son fils, y entra sans coup férir après son abjuration.

On célébrait autrefois à Rouen une solennité bizarre, appelée la fête de la Gargouille, ou la Fierte, dont on ignore la véritable origine. Le jour de l'Ascension, l'image du dragon *la Gargouille* était portée en grande pompe par les rues de la ville, et l'un des criminels condamnés à mort était conduit processionnellement par le chapitre de Notre-Dame sur le premier palier de la chapelle de Saint-Romain, à l'entrée des halles, où était placée la châsse ou fierte du saint, que le meurtrier soulevait en signe de grâce et de délivrance. La chronique populaire dit que cette cérémonie avait été instituée pour célébrer la victoire de Saint-Romain sur un terrible dragon qui ravageait les environs de Rouen. Le saint l'attaqua dans la forêt de Roumare, sa retraite, et le précipita dans les eaux de la Seine, qui l'engloutirent. Mais si nous consultons les annales religieuses, elles nous donneront à penser que cette solennité rappelait la conversion du pays au christianisme; car l'erreur était représentée ordinairement sous la forme du dragon, et cette fête symbolique avait lieu en plusieurs endroits de la France.

Regagnons les rives de la Seine, dont nous nous sommes écartés un instant. A la pointe de l'île de la Croix, le fleuve passe sous le pont de pierre nouvellement construit, que décore aujourd'hui si convenablement une belle statue du grand Corneille, et gagne le port, où une longue file de vaisseaux de toutes nations annonce une ville renommée par son commerce.

La marée amène au port de Rouen des navires de deux et trois cents tonneaux, qui viennent échanger les produits des contrées lointaines contre ceux de son industrie. Cette facilité donne une grande étendue à ses relations commerciales et un grand débouché à sa rouennerie.

Un peu plus bas, le pont de bateaux s'élève et s'abaisse avec le flux et le reflux pour laisser passer les navires. L'idée ingénieuse de ce pont est due à un religieux augustin, sous Louis XIII. Il est unique en son espèce, et mérite l'admiration par sa longueur, par sa solidité et par sa facilité à être démonté. C'est le dernier pont de la Seine, bien différent de celui que nous avons passé à Courceaux.

A peu près à la hauteur où nous sommes s'élevait autrefois, sur le bord de la Seine, la Vieille-Tour, où, par les ordres de Jean, roi d'Angleterre, fut enfermé le malheureux Arthur de Bretagne, son neveu. Ce prince, pendant sa longue captivité, suivait souvent des yeux le cours de la rivière, et enviait le sort des ondes qui passaient au pied des murailles de sa prison et se portaient librement à la mer. Une nuit, Jean-Sans-Terre débarqua au bas de la tour, en fit sortir son neveu, l'entraîna dans le bateau, et après l'avoir égorgé de ses propres mains, jeta dans la Seine le cadavre de cette innocente victime, que redoutait sa cruelle ambition.

Le fleuve passe ensuite devant la Bourse, les bâtiments de la douane et la place du Vieux-Palais, dont les traces ont disparu; il longe l'avenue du mont Riboudet, se divise en plusieurs bras pour enceindre l'île du Petit-Gay et plusieurs autres, et recommence à serpenter, au sortir de Rouen, pour prolonger sa course. C'est alors qu'en redescendant la SEINE, l'amateur découvre à chaque pas de nouvelles richesses. Une belle pelouse se prolonge le long des bords de la rivière. A droite, les hautes montagnes de Bapaume et de Canteleu sont richement couronnées par le parc de la maison Lecoulteux et celui de l'ancien château de Canteleu, appartenant à MM. Élie Lefebure. Puis, au pied de la côte du village du Croisset, la SEINE reçoit la jolie petite rivière de Cailly ou de Bapaume, qui, après avoir fertilisé la vallée de Déville et mis en mouvement une foule d'usines, apporte ses eaux à la SEINE et concourt à la beauté du pays en présentant les tableaux les plus variés.

La rive, toujours ornée de jolies maisons de campagne et de manufactures, continue à offrir un vif intérêt par la bizarrerie et les effets pittoresques des rochers qui bordent le fleuve jusqu'aux villages de Brantot et de Sahurs, en face de la Bouille. Derrière ces côtes escarpées s'étend la forêt de Roumare, où le vaillant Rollon allait souvent chasser, et la chronique dit qu'il y suspendait ses bracelets d'or aux branches des arbres, sans craindre les voleurs, tant il avait su réprimer le crime dans ses états.

La rive gauche de la Seine a aussi ses richesses à nous offrir. Au-delà du Petit et du Grand-Quevilly, situés tous deux dans une vaste plaine, s'étend la forêt de Rouvray, que nous avions déjà aperçue en quittant Elbeuf. La grande route de Honfleur ne s'écarte pas des bords du fleuve; nous la voyons circuler à notre gauche, passer à Petit et à Grand-Couronne, et se perdre derrière les maisons de Moulineaux, que nous apercevons devant nous. Les coteaux qui s'élèvent plus loin se distinguent par une habitude de configuration particulière : ce sont des cônes multipliés et semblables que séparent des gorges étroites qui se glissent entre leurs bases; à vue d'oiseau, leurs sommets offrent une ligne sinueuse de cercles rentrants et sortants, qui serpentent comme un feston et qui enveloppent élégamment la plaine.

Sur le plateau du mont qui domine Moulineaux s'élevait autrefois le fameux château de Robert-le-Diable. Il n'en reste plus maintenant que quelques ruines, chose vague et informe comme sa chronique, et mêlée à de merveilleux souvenirs. Ce sont des masses de pierres entassées et couvertes par le temps d'une végétation épaisse et vigoureuse; elles indiquent à peine l'usage des anciennes constructions ; cependant une tour devait s'élever vers le nord, et les accidents du terrain au midi marquent assez bien la place du pont-levis et des fossés. A la vue de ces ruines on éprouve une impression qui tient de l'enchantement; il semble qu'on soit emporté par les fées de ces temps reculés, dont le château de Robert atteste les merveilles.

Aucun souvenir historique n'est lié à la topographie de cet étrange monument; une chronique, un fabliau, les récits des vieillards et des bergers, voilà les autorités du passé pour l'instruction de l'avenir. Il n'en résulte qu'une certitude, l'existence ancienne d'un Robert, dont les amours désordonnées, les exploits aventureux et la rigoureuse pénitence font le sujet des narrations populaires. En revanche, le voyageur est amplement dédommagé des fatigues de la montée par la vue dont il jouit. Il aperçoit une partie de Rouen à l'horizon, et suit les détours de la SEINE entre les vastes forêts de Mauny, de Roumare et de Rouvray, qui durent rappeler aux Danois les sombres bois du nord, et leur faire chérir leur nouvelle patrie.

A la gauche de Moulinaux commence la côte de la Bouille, dont le revers est si escarpé que les maisons du village semblent superposées comme sur des éta-

LA BOUILLE.

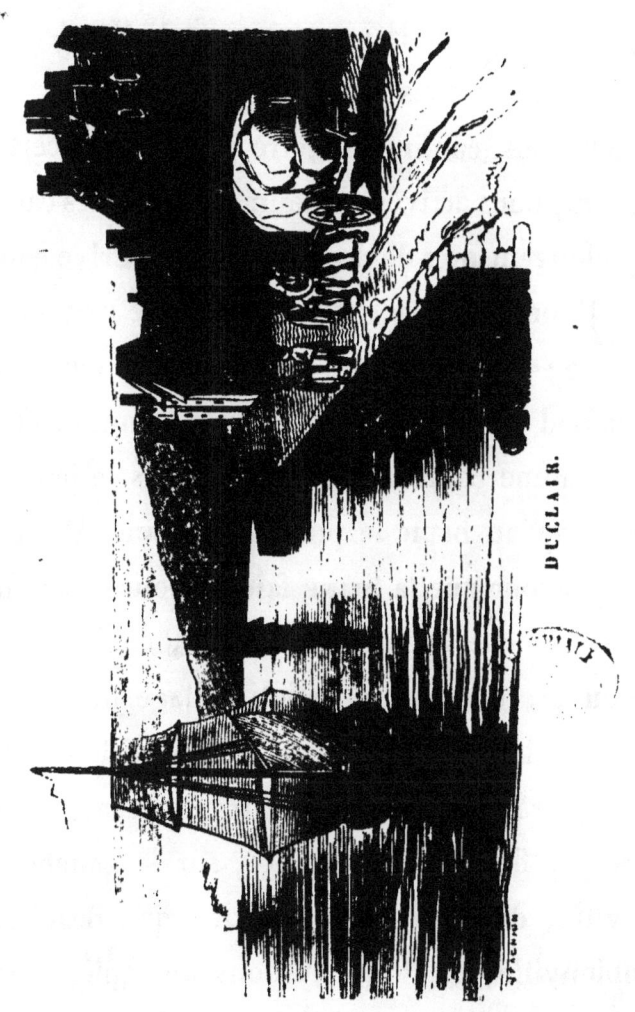
DUCLAIR.

gères. C'est ici que s'arrête le bateau de Rouen à la Bouille, et le voyageur qui se rend à Caen est obligé de faire charger son bagage sur des chevaux pour gagner au haut de la côte la route de Honfleur, qui s'enfonce alors dans l'intérieur des terres.

Pour nous, continuant notre course de concert avec la SEINE, nous arrivons à Caumont, dont les carrières se prolongent près de deux lieues sur la rive gauche. Dans l'une d'elles se trouve une grotte extrêmement curieuse : c'est une petite salle de forme ovale, dont le plafond est hérissé de stalactites pointues et délicates, d'une couleur qui varie depuis le jaune noirâtre jusqu'au blanc le plus éblouissant. Dans l'immense détour que la SEINE fait ici pour enceindre de sa rive gauche la forêt de Mauny, en formant une presqu'île, elle arrose le joli village de Beaulieu, situé sur la lisière des bois, et Quevillon, bâti en regard sur l'autre rive, à l'entrée de la forêt de Roumare. Le fleuve laisse ensuite, sur la gauche, Bardouville, dans la même situation que Beaulieu, et Amblouville, où il fait un nouveau repli, et se détourne pour aller recevoir la rivière de Sainte-Austreberte, auprès du joli bourg de Duclair, bâti dans une situation assez pittoresque à la pointe des collines, qui retardent la jonction de leurs eaux

Les rives de la Seine depuis Duclair sont riches de tous les souvenirs des rois Mérovingiens. Sur la gauche, la forêt de Mauny, attenante jadis à celles de Bretonne et de Rouvray, couvrit souvent de ses majestueux ombrages les tentes des successeurs de Clovis. A droite, la presqu'île correspondante que forme la Seine renfermait une vaste forêt et l'abbaye de Jumièges, que visitèrent souvent nos premiers rois. Cette presqu'île n'offre plus maintenant qu'une plaine marécageuse, presque à demi convertie en tourbière, et indigne d'être mentionnée, si elle ne possédait les ruines de la magnifique abbaye de Jumièges, dont nous allons bientôt apercevoir les tours. Le fleuve, après avoir marché en droite ligne depuis Duclair, fait un coude à la Roche, et revient sur ses pas baigner le pied des montagnes, dont le joli château du Landin couronne le sommet. Placé dans un des plus beaux aspects de la rive gauche, ce château mérite d'être visité pour sa situation et ses bosquets. On aperçoit de ce beau lieu les clochers de Jumièges, debout sur l'autre rive, pour indiquer son ancienne splendeur. Plus près encore, presque en regard du Landin, l'œil peut distinguer la jolie maison du Ménil-la-Belle. Son aspect mystérieux et doux charme déjà le passant attentif avant qu'il se soit informé des premiers maîtres de cette demeure.

C'est ici le Ménil, qui toujours se surnomme
Du nom d'Agnès Sorel, que sa beauté renomme.

C'est en effet le manoir de la belle Agnès, dont les chiffres se retrouvent encore gravés sur les murs. Charles VII, pendant le siége de Caudebec, y reçut le dernier soupir de sa maîtresse, et lui fit élever un tombeau dans l'église de Jumièges.

Fondée en 640 par saint Philibert, l'ancienne abbaye de Jumièges a longtemps répandu la richesse et l'abondance dans les cantons environnants. Les moines faisaient fleurir l'agriculture autour de leur séjour, et leurs industrieux travaux avaient mis leurs possessions à l'abri des ravages du fleuve. Environ mille personnes étaient réunies dans cette espèce de république, que les rois se faisaient un plaisir de visiter. Tout est abandonné maintenant : le monastère n'offre plus que des ruines; mais elles rappellent d'intéressants souvenirs. Lorsque le négociant du nord regarde avec surprise en passant ce vieil édifice d'architecture saxonne, on peut lui dire qu'il fut rebâti par la libéralité du fils de Rollon, Guillaume-longue-Épée, qui, craignant la colère du ciel et tremblant aux menaces du saint abbé, promit pendant une partie de chasse de relever de ses ruines ce monastère détruit par son père, lors de la conquête de la Neustrie. C'est là que Tassillon, duc de Bavière, fut contraint par Charlemagne de faire avec son fils des vœux monastiques. C'est encore là qu'aborda la barque qui portait les corps mutilés des deux fils de Clovis II, exposés sur la SEINE, pour crime de rébellion, par ce père inexorable. Partie de Paris, la frêle embarcation des énervés de Jumièges descendit lentement le fleuve, entraînée par le courant, et les malheureux princes qu'elle contenait furent reçus à bras ouverts par le saint fondateur de l'abbaye.

Quand on suit les bords de la SEINE depuis Jumièges, on voit le fleuve s'élargir de plus en plus, et former à tous les angles de son cours de vastes anses, qui s'étendent comme des golfes et remplissent l'horizon. L'action des marées devient peu à peu sensible; elles mugissent déjà, et se brisent en barres d'écumes contre les pieds des coteaux qui bornent la SEINE. Sur les collines de la rive gauche s'étend la forêt de Brotonne, qui contourne le fleuve et s'élève en amphithéâtre; un décret de la Convention la gratifia du titre de forêt de l'Unité-Nationale, mais elle à repris avec orgueil le nom qu'elle avait l ongtemps

JUMIÈGES.

porté. On aperçoit sur la lisière des bois d'abord Heurteauville, situé en regard de Yainville, et puis le château de la Meilleraye, remarquable par sa situation, par son parc et par les divers agréments que les propriétaires y ont ajoutés tour à tour. Il appartenait naguère à madame de Nagu, qui n'a rien épargné pour embellir ce séjour, continuellement visité par les voyageurs et les étrangers.

Prenons ici un pilote habile, car le trajet devient de plus en plus dangereux en approchant de Caudebec. Déjà notre œil plonge devant nous dans un vallon charmant, par lequel débouche le Fontenelle. Sur les bords de ce ruisseau s'élevait jadis l'antique abbaye de Saint-Wandrille, fondée par un cénobite de ce nom, allié à l'illustre famille de Pépin. Ses ruines sont encore plus pittoresques que celles de Jumièges, mais sans rappeler d'aussi grands souvenirs. On n'y retrouve ni les faits mémorables des preux, ni les disgraces des héros, ni le séjour des rois, ni le manoir des belles; il n'y est question que de solitaires et de saints, dont le premier désir était de se faire oublier. Les jeunes filles de Caudebec ont placé dans les ruines de Saint-Wandrille le séjour mystérieux des fées, dont l'histoire occupe leurs veillées. En effet les pans de muraille prêts à s'écrouler, les piliers élancés et les voûtes hardies de l'abbaye sont bien propres à frapper de terreur leur faible imagination. L'hirondelle qui les effleure de l'aile en détache à tout moment une partie, dont la chute vient troubler le silence universel; et le jour n'est pas loin où ces débris suspendus dans les airs et abandonnés aux orages cesseront d'alarmer le voyageur curieux et la craintive jeune fille.

Sur la colline occidentale de la vallée de Saint-Wandrille ou de Fontenelle s'élève une petite chapelle dédiée à saint Saturnin. Le coteau qu'elle occupe, appelé dans quelques chartes le Mont-des-Vignes, était jadis renommé pour son vin. De son sommet, l'œil embrasse la vue la plus délicieuse sur le vallon de Caubecquet; il s'arrêtait jadis sur l'île Belcinac, située entre Saint-Wandrille et Caudebec, et dans laquelle était le monastère de Saint-Condé. Un jour il chercha inutilement les antiques tours de cette abbaye et la riche verdure des bois qui l'entouraient; tout était abîmé sous les eaux. En 1641, plus de deux siècles après, l'île reparut, chargée encore de quelques ruines; mais ce fut pour peu de jours, et la marée l'engloutit bientôt une seconde fois. On ignore maintenant jusqu'à la place qu'elle occupait; peut-être sont-ce les débris de cette île errante qui promènent sous les flots des écueils mobiles dans les parages dangereux de Quillebeuf.

On redescend la pente opposée de la colline du Mont-des-Vignes à travers des maisons de mariniers et quelques fermes éparses, entourées de massifs d'arbres, ornements ordinaires des délicieuses habitations du pays de Caux, dans lequel nous entrons. Puis se déploient sur la rive les constructions pittoresques d'une ville charmante, qui tire son origine d'une bourgade de pêcheurs. C'est Caudebec, fière de porter dans ses armoiries trois éperlans d'argent sur un fond d'azur. Les maisons du port, par leurs terrasses couvertes d'arbustes et de fleurs, rappellent l'aspect des villes italiennes : car le vieux marin de Caudebec, retiré sur les bords du fleuve pour voir passer les pavillons qu'il rencontra sur les mers, aime à s'assurer chaque matin qu'il n'a pas quitté son sol natal en jetant un regard sur les rosiers et les œillets dont il a garni sa croisée.

L'église de Caudebec est célèbre par un mot de Henri IV, devenu populaire dans le pays : « C'est ici, dit-il, la plus belle chapelle que j'aie jamais vue. » C'est en effet une des églises les plus remarquables de France, par la richesse et l'élégance de son architecture gothique. Le clocher a la forme d'une pyramide entourée de couronnes successives, qui lui donnent au premier abord l'aspect de certains minarets de l'Orient.

Au-delà du port de Caudebec, au bas des rochers qui bordent le fleuve, l'œil s'arrête sur un petit bâtiment carré, trop simple pour l'artiste, trop obscur pour l'historien, mais cher aux matelots, qui lui consacrent de loin leurs prières et leurs offrandes. C'est l'ermitage de Notre-Dame-de-Barre-y-Va, dont les murs sont surchargés de ces tableaux que le pilote a voués à la Vierge dans le fort de la tempête; aux voûtes sont suspendus ces navires grossièrement sculptés, que durant une longue captivité de malheureux marins ont façonnés de leurs propres mains, et ont dédiés à la Sainte-Vierge pour la remercier de leur délivrance.

La Seine fait ensuite un coude, et se divise en deux bras pour former une île, la dernière que nous devions rencontrer. Le bras droit gagne Villequier, dont le château, quoique moderne, mérite, par sa situation et par l'élégance de sa construction et de ses jardins, d'être visité des voyageurs; la rive gauche baigne Vatteville, l'un des antiques fiefs du château de la Meilleraye; puis le fleuve rassemble ses deux bras, et passe au pied de la côte de Norville que nous apercevons sur la droite, et d'où l'on jouit d'un point de vue magnifique. Un peu au-dessous de Norville s'étendent, sur l'autre rive, le village d'Aizier et celui de Vieux-Port, où commence l'embouchure de la Seine. Le lit du fleuve s'élargit alors tout à coup, et l'on aperçoit dans le lointain le rocher de Quillebeuf, qui s'avance comme un fanal pour guider le pilote.

Quillebeuf est la capitale du Roumois, petit pays situé entre la Seine et la Rille, qui s'étendait jusqu'à Elbeuf et formait une des anciennes subdivisions de la Normandie. Ce port, placé à l'extrémité septentrionale du département de l'Eure, dont il est le seul fleuron maritime, n'est autre chose qu'un rocher long et étroit, entrecoupé de rues inclinées et mal bâties, devant lequel on a construit une jetée. C'est au roi béarnais que Quillebeuf doit sa petite existence. Ce n'était jusqu'à lui qu'un hameau de pauvres pêcheurs, végétant sur un rocher aride et isolé du reste de la terre. Henri IV l'augmenta, le fortifia, lui accorda des priviléges, et lui donna le nom de Henriqueville; mais il ne fut pas plus heureux que François Ier, qui voulut imposer au Havre le nom de Françoiseville. Le maréchal d'Ancre, prévoyant sa disgrace, songeait à se rendre indépendant dans son gouvernement de Quillebeuf, quand il fut tué sur le pont du Louvre. Il avait même commencé à faire des retranchements au sud de la presqu'île ; et l'on montre encore des traces de fortifications qu'on appelle dans le pays *la tranchée du maréchal d'Ancre.*

La plupart des navires qui font la navigation de la SEINE sont forcés de *poser* à Quillebeuf, de sorte que ce port est d'une véritable importance. En montant la rivière, si les navires ont vent et marée favorables, ils peuvent se dispenser de s'arrêter ici, et gagner Villequier ; mais en descendant le fleuve, forcés de passer la traverse d'Aizier à la pleine mer, ou même un peu plus tard, les bâtiments n'arrivent à Quillebeuf qu'à la mer basse, et doivent nécessairement y séjourner.

Malgré les brouillards qui règnent dans ces parages, de la pointe de Quillebeuf, l'œil découvre sur la rive opposée le Ménil et les vastes prairies du Bolbec, qui s'étendent depuis les bords du fleuve jusqu'aux pieds du château de Lillebonne. Un bateau de service fait tous les jours à l'heure de la marée le trajet de Quillebeuf au Ménil.

Julio-Bona, dont nous avons fait Lillebonne, fut ainsi nommée par César en l'honneur de sa fille Julie. Il la fonda dans le double but de se rendre maître du fleuve et de jouir d'un site enchanteur. L'utilité de ce poste militaire la fit accroître ra-

QUILLEBOEUF.

pidement. Elle devint la capitale des Colètes, aujourd'hui le pays de Caux; et l'empereur Auguste y construisit, pour égayer ses fréquents séjours, un magnifique théâtre, dont on a récemment découvert les vestiges. Les pirates normands, après avoir dévasté cette ville, songèrent à la relever de ses ruines quand ils furent devenus les possesseurs de la Neustrie. C'est dans ses murs qu'au sein d'une assemblée de seigneurs, Guillaume-le-Bâtard résolut de faire la conquête de l'Angleterre. Le comté de Lillebonne, après avoir eu longtemps pour seigneurs les vaillants d'Harcourt, passa par les femmes aux ducs d'Elbeuf, dont la famille s'éteignit en 1702. C'est aujourd'hui un chétif bourg, dont les neuf cents habitants n'ont d'autre industrie que leurs filatures et leurs tanneries.

A quelques pas des ruines du théâtre romain passe la route de Caudebec, qui les sépare des débris imposants du château de Lillebonne, construit au douzième siècle. Quelle vue magnifique du donjon principal, dont on gagne la plate-forme par un escalier à vis! La ravissante vallée de Bolbec se déroule à vos pieds et va se perdre avec son ruisseau dans les flots de la Seine, animée par les barques nombreuses dont les voiles rougeâtres s'agitent dans les airs. C'est en contemplant ce vieux manoir, habité jadis par de petits tyrans qui pillaient leurs vassaux et quelquefois les voyageurs, que Bernardin-de-Saint-Pierre s'écriait : « Il me semble voir la carcasse et les ossements de quelque bête féroce. » Ce château appartient maintenant aux princes de Croï.

De Lillebonne à Tancarville il y a la distance convenable pour séparer deux habitations féodales : des collines qui s'élèvent en remparts, des gorges qui s'approfondissent en fossés ; quelques broussailles épaisses, où l'on pouvait cacher une embuscade, quelques rares clairières, où l'on pouvait se joindre et *mener les mains à qui avait plus belle amie.* A moitié chemin de l'un à l'autre, nous apercevons, sur la hauteur, un moulin, le même sans doute qui, sous Philippe-le-Bel, engagea une lutte sanglante entre les deux seigneurs voisins. Puis, à la pointe du promontoire, sur un roc qui domine le fleuve presque à pic, s'élève le château de Tancarville, dont les ruines imposantes indiquent seules aujourd'hui la vieille magnificence. Après avoir été longtemps habité par les comtes de Tancarville, ce manoir fut acheté par le trop célèbre Écossais Law, appartint plus tard au maréchal Suchet, et passa dans le domaine des Montmorency, ses illustres et dignes propriétaires actuels. C'est, dit-on, au milieu de ses murailles sonores et de

ses vieux arceaux que notre illustre poëte, M. Lebrun, a tracé les belles scènes de sa tragédie de *Marie Stuart*.

Depuis Quillebeuf, la largeur de l'embouchure de la Seine lui donne un aspect majestueux pendant la haute marée; mais à la marée basse, elle n'offre que quelques canaux tracés au milieu de vastes bancs de sable, que le flux déplace chaque jour. Des pilotes intrépides tâchent après chaque reflux de deviner lequel de ces canaux forme la passe la plus sûre, et dès que le flot est arrivé, ils dirigent les vaisseaux qui leur sont confiés; car il serait imprudent de s'engager dans ces parages sans un de ces pilotes. Lorsque la marée monte, aux équinoxes et aux époques des pleines et nouvelles lunes, et qu'elle est favorisée par un fort vent d'ouest, le lit du fleuve se remplit par une masse d'eau qui a quelquefois vingt pieds d'élévation, et qui s'avance avec une rapidité que le galop d'un cheval peut à peine surpasser. Cette montagne humide se nomme la Barre, et, contrariant le cours de la Seine, produit quelquefois de terribles effets par la lutte qu'elle engage. Les flots de la mer qui monte, en arrivant à Quillebeuf, s'enflent, s'amoncellent et se précipitent avec fureur dans le lit du fleuve, dont ils refoulent les eaux. Un bruit sourd se fait entendre à la distance de deux lieues; les animaux quittent leur pâture et la fraîcheur du rivage; l'effroi se répand sur les deux bords de la SEINE, et le cri de la barre! la barre! devient un cri d'alarme pour le riverain qui voit le flot menacer son habitation et ses champs. Cette barre remonte jusqu'à Rouen, où elle a quelquefois encore assez de force pour que les navires trop voisins les uns des autres s'entrechoquent et brisent leurs amarres. Elle est sensible jusqu'à Pont-de-l'Arche. Dans sa course, le phénomène dévastateur dégrade le rivage, enlève tout ce qu'il rencontre, et porte au loin sur les terres basses un gravier et un limon stériles; il a successivement détruit les digues les mieux cimentées qu'on avait essayé de lui opposer.

A l'extrémité de l'immense plaine marécageuse qui entoure Quillebeuf, et qu'on a plusieurs fois tenté vainement de dessécher, le fleuve baigne le village du Marais-Vernier. Au-dessus des maisons on aperçoit, à mi-côte, le château qui appartient au marquis de Mortemart; il est bâti sur le revers de la montagne, étroite et longue, dont l'extrémité forme le promontoire ou la pointe de la Roque. La coupe perpendiculaire de ce mont n'offre aux regards que des assises multipliées de roches horizontales; son aspect est nu et stérile, tandis qu'à ses pieds s'étend de part et d'autre un terrain fertile et couvert d'excellents pâturages. Les flancs de la Roque renferment une grande quantité de fossiles de toute espèce, et une ancienne carrière abandonnée forme, près du château de Mortemart, une crypte profonde, dont furent extraites autrefois les pierres de construction de Saint-Ouen-de-Pont-Audemer. Si l'on veut jouir de la vue la plus riche, on n'a qu'à gravir sur le point le plus élevé du plateau de la Roque, appelé dans le pays le Camp-des-Anglais ; rien n'est plus varié que la scène qui fixe l'admiration du voyageur : au nord, la pointe de Quillebeuf, celle de Tancarville et les côtes du pays de Caux ; à l'est, le grand Marais-Vernier et des collines couvertes de bois ; au sud, la vallée de la Rille, au fond de laquelle on entrevoit Pont-Audemer ; enfin à l'ouest, l'embouchure de la Seine se présente large, majestueuse, animée par les ports du Havre et de Honfleur, et par les navires qui montent et descendent le fleuve.

En quittant la pointe de la Roque, celui qui aime les antiques souvenirs doit visiter la grotte de saint Gérémer, popularisé sous le nom de saint Béranger. Ce pieux ermite y vivait solitaire, lorsqu'il fut appelé malgré lui par saint Ouen, évêque de Rouen, à gouverner l'abbaye de Pentalle, située sur les bords de la Rille. Les moines du couvent qui allait lui être confié dissimulèrent leur haine et leur jalousie; un soir ils lui envoyèrent une députation, sous prétexte de le presser d'accepter cette promotion; mais le lendemain, à l'aube du jour, Géremer était absent de sa retraite : on le chercha vainement. Les moines répandirent le bruit qu'il était monté au ciel; cependant des pêcheurs retrouvèrent flottant sur les eaux le froc de la victime.

La SEINE, au-dessous de la pointe de la Roque, reçoit la Rille, qui vient du département de l'Orne, arrose L'Aigle, Beaumont, Brionne et Pont-Audemer. Sa vallée, longue de vingt-deux lieues, offre les plus beaux sites, et renferme les ruines de la belle abbaye du Bec, du château de Montfort, de celui de l'amiral d'Annebaut et du monastère de Pentalle. A l'embouchure de la Rille, les alluvions successives du fleuve ont formé un immense herbage, connu sous le nom de Banc-du-Nord. Cette propriété, qui a compté jusqu'à une lieue de diamètre, est réduite à présent à moins du dixième de sa grandeur primitive : la SEINE s'est lassée de fuir ses bords, et chaque jour elle reprend ce qu'elle avait abandonné.

Derrière le Banc-du-Nord s'étendent les prairies et

les marais de Conteville. Le village avait autrefois ses comtes; et l'un d'eux, nommé Hellouin, amoureux d'Arlette, l'ancienne maîtresse de Robert-le-Diable, l'épousa, et devint par ce mariage le beau-père de Guillaume-le-Conquérant. Conteville est adossé au revers du mont Courel, dont d'immenses bruyères couvrent le plateau. Au bas du même penchant, en se rapprochant du fleuve, l'œil découvre Berville, dont la Seine baigne les extrémités. Ce village n'a d'autre importance que d'être devenu, depuis 1812, par le déplacement des vases, la *posée* des navires, qui, descendant au Havre ou se dirigeant vers Rouen, viennent attendre là des vents favorables ou les marées de Syzygie.

De l'autre côté du mont Courel, sur les bords du fleuve, s'élevait jadis l'abbaye de Grestain, qu'Arlette, de concert avec son époux, fit bâtir sur les ruines d'une antique chapelle, pour remercier le Ciel de lui avoir rendu la santé. Ce monastère servit de sépulture à ses fondateurs. Mais les traces du tombeau d'Arlette ont disparu; l'abbaye même n'offre plus qu'une ruine informe; elle a été achetée par M. Lalleman, ex-armateur de Honfleur, qui s'y est fait construire une habitation agréable. Deux ou trois cabanes de douaniers sont les seuls restes du village de

Grestain, qui s'était élevé auprès de l'abbaye, et que Vosgien appelle, dans son *Dictionnaire Géographique,* un gros bourg de Normandie.

La Seine reçoit ensuite, au hameau de Jobles, le ruisseau de la Villaine, qui coule rapidement encaissé dans un vallon pittoresque et sauvage. C'est sur les bords de ce ruisseau qu'est le village de Carbec, dont nous apercevons les maisons. Une source y attire sans cesse une foule de pèlerins, qui viennent se purifier dans ses eaux pour recouvrer la santé. On apercoit ensuite le plateau de Fatouville-sur-Mer, couvert de bruyères comme le mont Courel, et l'on arrive enfin à Fiquefleur, situé sur le revers de la colline, à l'embouchure de la petite rivière d'Orange. Là finit le département de l'Eure et commence celui du Calvados. Du haut de la côte de Fiquefleur on jouit d'une vue délicieuse. La route, qui vient de Paris par Rouen et Pont-Audemer, descend la montagne en serpentant et passe auprès de l'église, bâtie en forme de croix grecque, auprès de laquelle était jadis une communauté de moines voués au soulagement des pèlerins.

A Fiquefleur commence une petite plaine, que traverse la petite rivière de Morel. Auprès de son embouchure est situé le village de Saint-Sauveur, espèce de

HONFLEUR.

faubourg de Honfleur, où des bateaux viennent se charger de bois et de briques, en échange des cargaisons de moules et de poissons qu'ils apportent. C'est le long de ce rivage que s'engraissent les troupeaux connus sous le nom de moutons de Beuzeville ou de Présalé. Nous apercevons enfin les jetées de la ville de Honfleur, qui s'avancent pour inviter les bâtiments à se réfugier dans leur enceinte.

L'entrée du port n'est pas le brillant côté de Honfleur : le commerce y manque d'activité ; l'abolition de la traite des noirs, la centralisation du Havre et la disparition des harengs qui fréquentaient la côte ont porté un coup mortel à la ville de Honfleur. Le port marche de jour en jour à une décadence complète ; l'amoncèlement de la vase l'encombre de plus en plus, et le gouvernement persiste dans sa cruelle indifférence. Le commerce des bois du nord et du charbon de terre entretient seul les restes de vie qu'offre cette ville.

L'origine et la fondation de Honfleur ne présentent aucune certitude ; on sait seulement que Guillaume-le-Conquérant y séjourna peu de temps avant sa mort. Cette ville resta dans son obscure prospérité jusqu'aux guerres de religion ; vers cette époque elle soutint contre Henri IV deux siéges, à l'un desquels ce prince assista en personne. Les fortifications, ruinées alors par le canon, ne furent pas relevées, et quelques débris qui en subsistent donnent encore à juger de l'importance de cette place. De nos jours, Honfleur a été visité par l'empereur Joseph, Louis XVI, Napoléon, le duc d'Angoulême et la duchesse de Berri.

La ville est triste et mal bâtie; il faut la parcourir en détail pour trouver quelques habitations agréables, et une entrée par la route de Caen, dont beaucoup de villes importantes se glorifieraient à juste titre. Mais ce qui mérite surtout de fixer l'attention du voyageur, c'est le pèlerinage de Notre-Dame-de-Gràce, chapelle située sur la colline occidentale qui domine presque à pic la ville de Honfleur. La route par laquelle on y monte a été rendue praticable aux voitures par des travaux récents. Sur le sommet de cette montagne, à peu de distance de la chapelle, s'élève un christ gigantesque à l'un des carrefours de la route. De cette plate-forme l'œil jouit d'une vue magnifique. Au pied de la croix, du côté de la mer, se termine subitement le plateau de la colline, et d'énormes éboulements semblent encore s'en détacher et rouler jusqu'au rivage, où le pêcheur occupé de ses filets apparaît comme un point sur la grève. Un chemin passe au bas de la montagne, et conduit à

Vasouy et au joli châtel de Blosseville. Sur la rive gauche de la SEINE, derrière Honfleur, de vastes prairies et des bois touffus s'avancent jusqu'au milieu des eaux, tandis que le pays de Caux ne présente qu'une série de falaises blanchâtres, qui s'élèvent à pic au-dessus du fleuve et ne montrent que des rocs décharnés, jusqu'à la pointe de Tancarville, que l'œil aperçoit au bout de l'horizon.

Rien n'approche cependant de la richesse du pays de Caux, que ces falaises dérobent à nos regards. Les campagnes sont couvertes d'arbres fruitiers et d'abondantes moissons; des bestiaux de la plus belle race paissent dans les pâturages; des arbres de haute-futaie ombragent les châteaux et les fermes; mais ce qui fixe le plus l'attention du voyageur, c'est cette belle population, et surtout ces jolies Cauchoises, dont les yeux bleus, le teint frais et la taille svelte concourent avec leur haute et élégante coiffure à rehausser l'éclatante beauté.

Au-dessous de Tancarville, le long des falaises du pays de Caux, la SEINE double le cap du Hode, passe à Saint-Jacques, à Saint-Vigor, à Sandouville et à Oudales, charmantes retraites de quelques pêcheurs, et coule au pied du château d'Orcher, dont on aperçoit les avenues sur la colline. Ce manoir, d'une structure massive et sans goût, remplace une antique forteresse qui défendait jadis l'entrée du fleuve. Il est bien connu de tous les marins de ces parages, auxquels il sert d'indice pour éviter les bancs et les écueils que l'on rencontre à sa hauteur dans le bassin de la SEINE. Parmi les premiers seigneurs de ce vieux domaine, l'histoire n'a tiré de l'oubli qu'un Robert d'Orcher qui accompagna Robert-le-Diable en Palestine. Depuis, la terre d'Orcher devint une des quatorze propriétés que possédait en France l'Écossais Law, qui, après avoir dilapidé des milliards, mourut dans l'indigence, à Venise. Ce château, qui dépend du village de Gonfreville, situé derrière lui, appartenait naguère encore à la bienfaisante marquise de Nagu, qui, là comme à la Meilleraye, ne compta ses jours que par ses bienfaits. Les pauvres prieront longtemps pour elle.

En quittant le château d'Orcher, la SEINE forme une petite baie, et reçoit la Lézarde, faible rivière qui coule dans une vallée riante, et vient d'arroser la ville d'Harfleur, dont on aperçoit le clocher aigu de plusieurs lieues de distance. Cette jolie petite ville, que Monstrelet nommait *le souverain port de Normandie,* est bien déchue de son importance. La fondation du Havre et la révocation de l'édit de Nantes ont entraîné sa ruine. Aujourd'hui ses fortifications sont démolies, et des plaines couvertes de bestiaux remplacent son port jadis si animé.

Les historiens ne s'accordent pas sur le lieu où fut projetée la conquête de l'Angleterre : les uns disent que Guillaume-le-Bâtard reçut à Harfleur Édouard-le-Confesseur, et lui donna une flotte pour ressaisir la couronne, que Canut venait de lui enlever ; les autres disent que l'entrevue eut lieu à Barfleur. Il en est de même pour le fameux naufrage, où périrent tous les enfants de Henri Ier, roi d'Angleterre, et plus de cent cinquante jeunes seigneurs de la cour de ce prince ; on sait que ce désastre fut causé par l'imprudence des matelots, qui, pris de vin, engagèrent *la Blanche-Nef* et ses illustres passagers parmi des rochers à fleur d'eau, dans un lieu appelé alors Raz-de-Catte, aujourd'hui Ras-de-Catteville, mais on ignore si c'est au sortir de Barfleur ou d'Harfleur, bien que M. Thierry, dans son *Histoire de la conquête de l'Angleterre,* ait adopté la deuxième opinion. Quoi qu'il en soit, depuis lors, la petite ville d'Harfleur joua un grand rôle dans nos guerres de rivalité avec les rois d'Angleterre. Pendant la démence de Charles VI, l'ambitieux Henri V, étant venu débarquer devant Harfleur, en 1415, s'en empara, la détruisit de fond en comble et brûla toutes ses archives; puis, quand il eut assouvi sa colère, il reconstruisit ses fortifications, la repeupla d'Anglais, et crut faire oublier ses cruautés à l'Éternel en lui élevant avec faste un monument, qui a résisté aux outrages du temps.

> C'est le clocher d'Harfleur, debout pour nous apprendre
> Que l'Anglais l'a bâti mais ne l'a su défendre[1].

En effet, vingt ans à peine écoulés, les Harfleutais, après avoir massacré la garnison anglaise, ouvrirent leurs portes à Charles VII, qui fut obligé de la reconquérir une seconde fois sur Henri VI, en 1449. Charles assista en personne à ce dernier siége, et il s'y exposa beaucoup, dit Monstrelet, *ès fossés et ès mines, sa salade sur la tête et son pavois en main.*

On célèbre le mardi-gras, à Harfleur, la fête de la Scie, cérémonie assez analogue à la fête des *Anes* de Beauvais, des *Cornards* d'Évreux, de la *Mère-Folle* de Dijon et des *Sous-Diacres* de Paris, nommée par dérision des *Diacres-Souls*. Ce sont autant de ces dérèglements d'imagination qui, au douzième siècle, s'étaient emparés de toutes les têtes en France, et

---

[1] Casimir Delavigne.

semblaient tirer leur origine primitive des saturnales du paganisme, où les maîtres servaient leurs esclaves. Au jour des *folies* d'Harfleur, une troupe de gens masqués vont en cavalcade au Havre, portant en grande pompe une scie. La procession se transporte chez les autorités, et leur accorde l'insigne honneur de baiser les dents des extrémités de l'instrument, dont le milieu seul est réservé pour le maire d'Harfleur; deux masques portent la lame dentelée; deux autres les suivent, armés d'une espèce de sceptre orné de rubans et appelé le *bâton friseux;* ce sont les montants en bois où la scie doit être emmanchée. De retour à Harfleur on donne un charivari au mari reconnu pour le plus brutal de la ville; puis on l'oblige à recevoir et garder chez lui le *bâton friseux*, pour le faire rougir sans cesse de sa conduite violente envers sa femme. La journée se termine par des galas et des réjouissances.

A l'embouchure de la Lézarde est le port de l'Heure, autrefois important, mais devenu depuis longtemps un petit hameau malsain. Le fleuve s'est peu à peu retiré de la rive, et l'entrée de la Lézarde a été envahie par les sables et par les alluvions venant de la pointe du *Hoc,* vieux mot saxon qui signifie crochet, et d'où ce rivage tire son nom, à cause de sa courbure en cet endroit. Avant d'arriver à cette pointe du Hoc, nous apercevons près du rivage une ferme; elle a été bâtie sur le lieu même où fut construite, en 1294, une chapelle dédiée à Notre-Dame-des-Neiges, en commémoration d'une forte neige tombée au mois d'août.

Nous laissons ensuite, sur la hauteur, Graville, mentionné dans nos plus vieilles annales sous le nom de Gerardi-Villa. Sa position dominait, au neuvième siècle, une baie où les flottes des pirates normands vinrent souvent se mettre à l'abri des tempêtes. Graville posséda longtemps les reliques de sainte Honorine, qui ont été rendues au monastère de Conflans, comme nous l'avons déjà dit; mais, malgré cette restitution, le sarcophage resté vide attira toujours la foule à Graville, où six chanoines réguliers, jouissant paisiblement d'un revenu annuel de 40,000 livres, *pétrissaient* encore *le tranquille embonpoint* du canonicat, au commencement de la révolution française. Au-dessus du sarcophage il y avait dans le mur une ouverture circulaire, dans laquelle les pèlerins achetaient le droit de plonger la tête pour se guérir de leur surdité. De nos jours, un curé sage et désintéressé a paru à Graville, et, distinguant la religion de l'Évangile des ridicules superstitions du moyen-âge, il a fait murer la miraculeuse excavation. L'église et le monastère, dont il subsiste encore de beaux restes, sont situés à mi-côte sur une haute terrasse qui, dominant les bocages de l'autre rive, offre un aspect enchanteur. La terre de Graville, après avoir eu longtemps des seigneurs illustres, passa au cardinal de Bourbon, archevêque de Rouen, que les ligueurs proclamèrent roi de France sous le nom de Charles X ; puis elle fut achetée 245,000 livres par le cardinal de Richelieu. La baie, située jadis au pied de la côte, n'existe plus. Des éboulements réunis aux sables amoncelés, qui chaque jour encombrent les bords du fleuve, forment au pied de Graville un large banc, et contraignent les eaux à s'éloigner de ces parages. Le château qui défendait la baie a disparu il y a plus de cinquante ans, et quelques anciens de la contrée y ont encore vu d'énormes anneaux de fer scellés dans les murs pour amarrer les navires et les barques des pêcheurs.

A la droite de Graville commence la côte d'Ingouville, riche faubourg du Havre où habitent beaucoup d'Anglais. Ses nombreuses terrasses en amphithéâtre offrent un aspect sur lequel l'œil même de l'habitant ne saurait se blaser. C'est de ces sommets que M. Casimir Delavigne, contemplant la riante vallée, la ville hérissée de navires et le paysage dont la diversité ne le cède qu'à l'étendue, s'écriait avec un enthousiasme bien naturel pour sa délicieuse patrie :

Après Constantinople il n'est rien de plus beau !

La jetée du port, la citadelle et les maisons du Havre sortent ensuite successivement de derrière la côte, qui nous les dérobait. Des rues larges et belles, des quais magnifiques et des bassins se repliant et se croisant en tous sens donnent, à cette ville une splendeur remarquable. Sept à huit cents vaisseaux peuvent se trouver à l'aise dans son port. La rue de Paris, qui traverse le cœur de la ville, est si fréquentée, que le nombre des personnes qui y passent chaque jour égale à peu près le nombre des habitants.

Le Havre doit une partie de sa prospérité à François Ier, mais c'est à tort qu'on le regarde comme son fondateur ; tout l'honneur en doit être rendu à Louis XII, qui en posa, vers 1509, la première pierre, pour suppléer au port d'Harfleur, encombré de jour en jour par les sables. François Ier entreprit dans les chantiers du Havre, pour les illustrer et les vivifier, une construction navale de dimensions gigantesques, nommée *la Grande-Françoise* ; tout ce qui pouvait contribuer aux plaisirs ou aux commo-

LE HAVRE.

dités de la vie s'y trouvait réuni ; il y avait même un moulin et un jeu de paume assez étendu. Mais ce château marin, destiné à aller combattre les Turcs, ne put jamais être mis à flot.

Pendant la ligue, le prince de Condé, chef des protestants, ouvrit les portes du Havre aux Anglais, commandés par le comte de Warwick. Charles IX reconquit cette ville ; Henri III et Henri IV la visitèrent, et, pendant les guerres de la Fronde, le grand Condé fut renfermé dans la citadelle avec le prince de Conti et le duc de Longueville, pour avoir disputé le pouvoir à un astucieux ministre. De nos jours, Louis XV, Louis XVI et Napoléon ont visité le Havre, et sa belle défense contre les Anglais et contre Sidney Smith l'a couvert de gloire.

La Seine a déjà confondu ses flots avec ceux de la mer quand elle alimente le port du Havre ; nous ne devons pas cependant nous croire arrivés au terme de notre voyage, avant d'avoir gravi sur les hauteurs qui bornent au nord les maisons de la ville. C'est le promontoire de la Hève, dont nous avons donné l'origine mythologique. Deux phares que l'on aperçoit de fort loin dominent son sommet et indiquent aux nochers les parages dangereux. Construits sous Louis XV, ils n'ont heureusement rien du style tourmenté de l'architecture Pompadour. Les fanaux placés dans les phares éclairent, par douze réflecteurs plaqués en argent et par vingt-quatre becs alimentés d'huile, l'embouchure de la Seine et la pleine mer depuis le jour de l'avénement de Louis XVI au trône. Du haut de leurs plates-formes élevées à trois cent quatre-vingt-cinq pieds au-dessus du niveau de la mer, l'œil embrasse à la fois quatre des plus riches départements de la France. Interrogez votre cicerone; il vous montrera à l'horizon un point noir; c'est Barfleur, où débarqua le monarque anglais, Édouard III, lorsqu'il vint disputer la couronne de France à Philippe de Valois, et de là battre à l'Écluse notre armée navale. Plus loin, la Hougue, où le même souverain, six ans plus tard, vint encore se jeter sur la France et nous accabler à Crécy. Mais ici la scène change; l'on aperçoit le clocher de Fourmigny où Charles VII défit les Anglais et les chassa de la Normandie. Là-bas commence la chaîne des rochers du Calvados, ainsi appelés du nom du vaisseau espagnol qui se perdit sur ces récifs. Devant nous, l'embouchure de la Dive et celle de la Touque embellissent le paysage, et la Seine vient à nos pieds finir son cours majestueux en entrant dans la rade. L'œil cherche en vain à reconnaître alors dans cette espèce de bras de mer le faible ruisseau qu'il a vu sourdre dans la commune de Saint-Germain-la-Feuille; il n'y trouve plus d'autre ressemblance que la conformité des noms.

Ici finit notre voyage avec celui de la SEINE, récit dénué du vain attrait dont un style laborieux s'efforce d'orner la nature, et qu'il faut lire sur ses bords pour y trouver quelque charme, celui d'une scrupuleuse exactitude. Maintenant le grand fleuve va se perdre dans une immensité solennelle, et l'obscur historien rentre dans le cours étroit de ses travaux inutiles. Heureux si là même il n'avait point d'écueils à prévoir et point de tempêtes à essuyer!

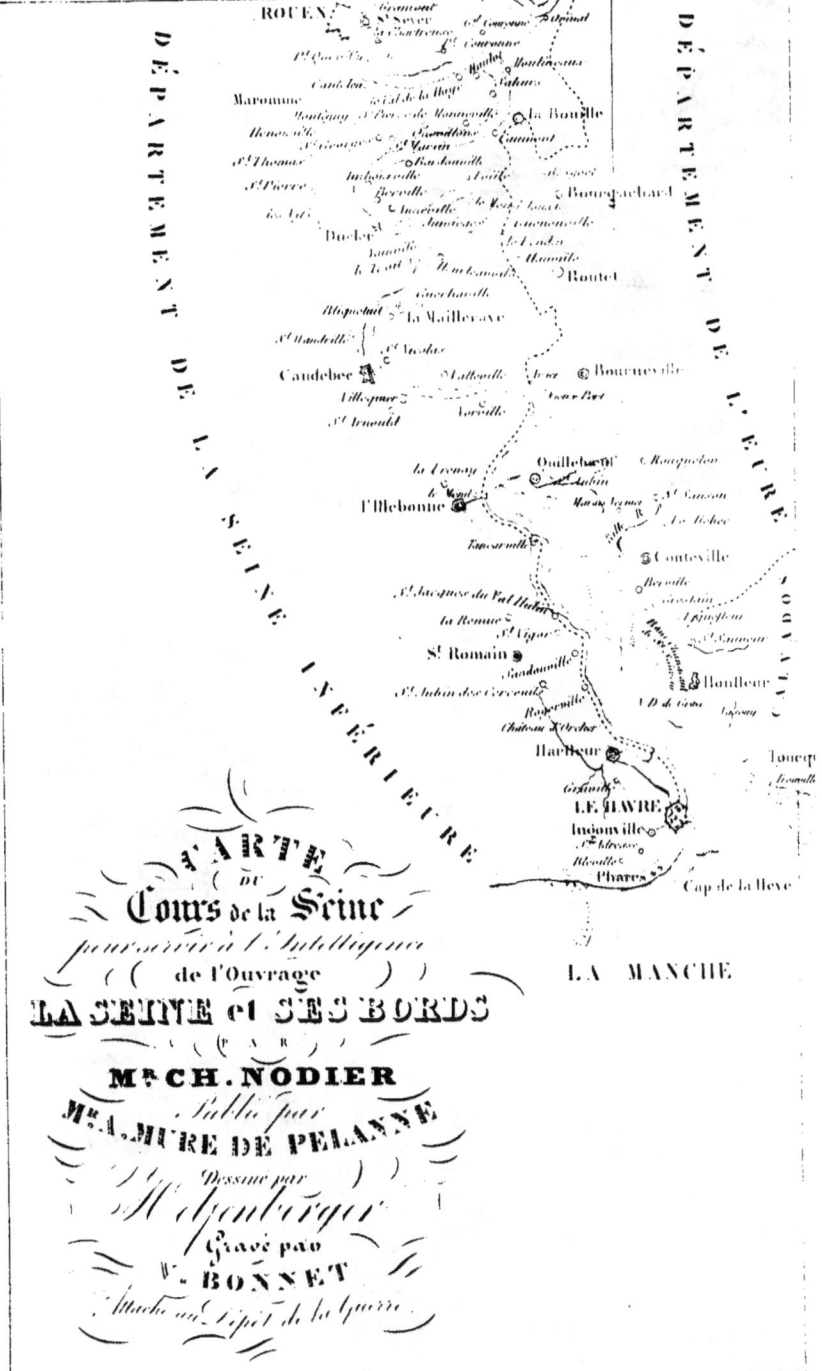

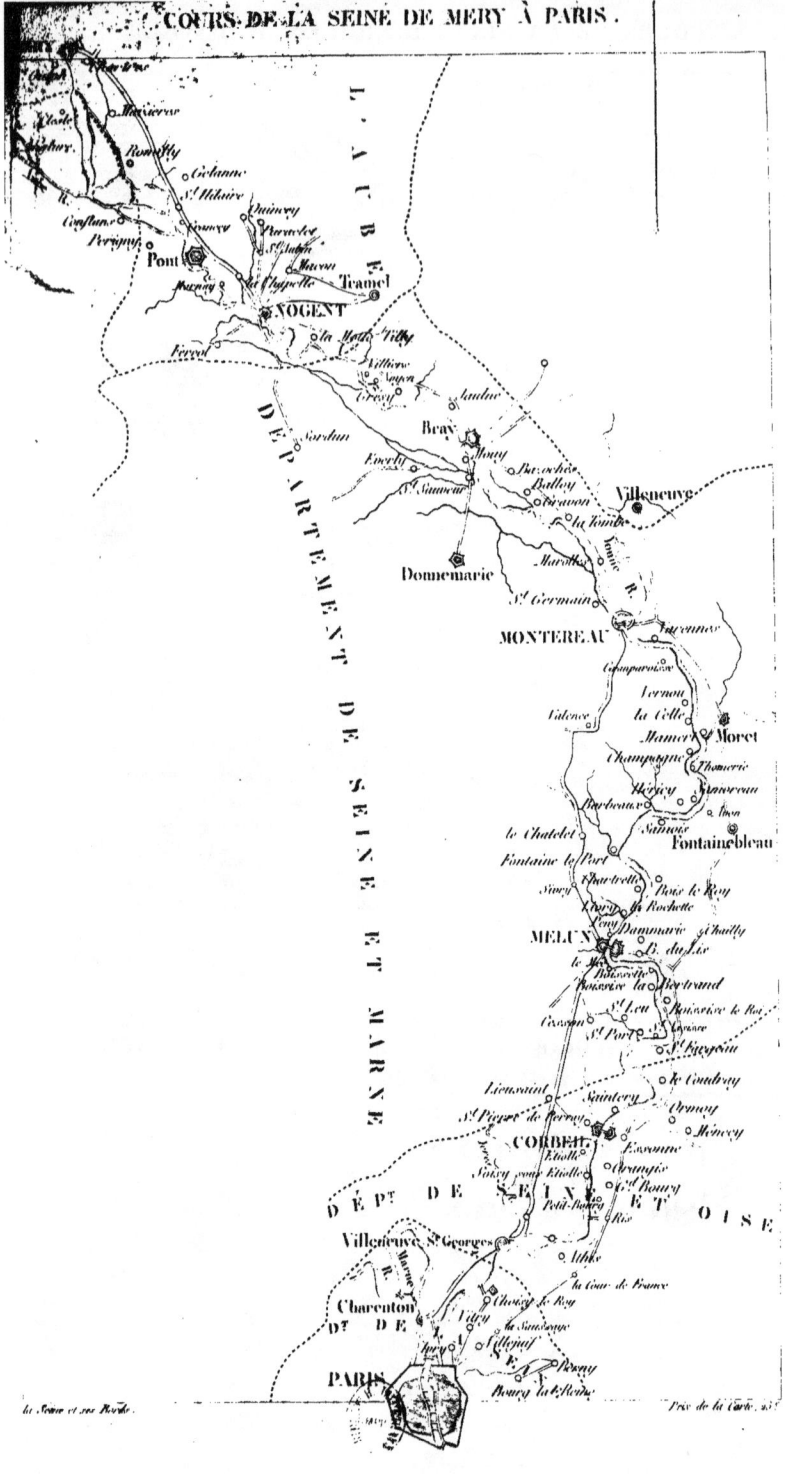

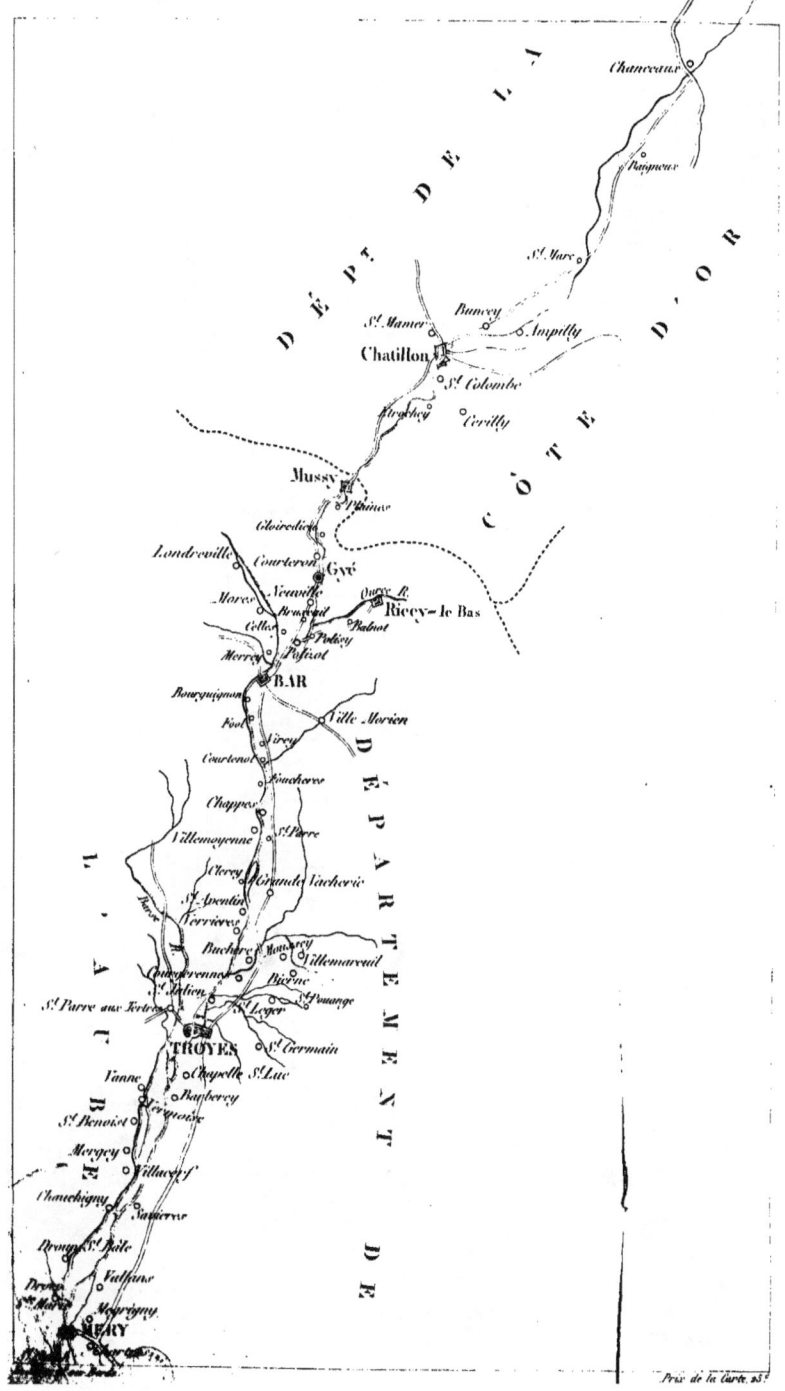

COURS DE LA SEINE DE PARIS A ROUEN.

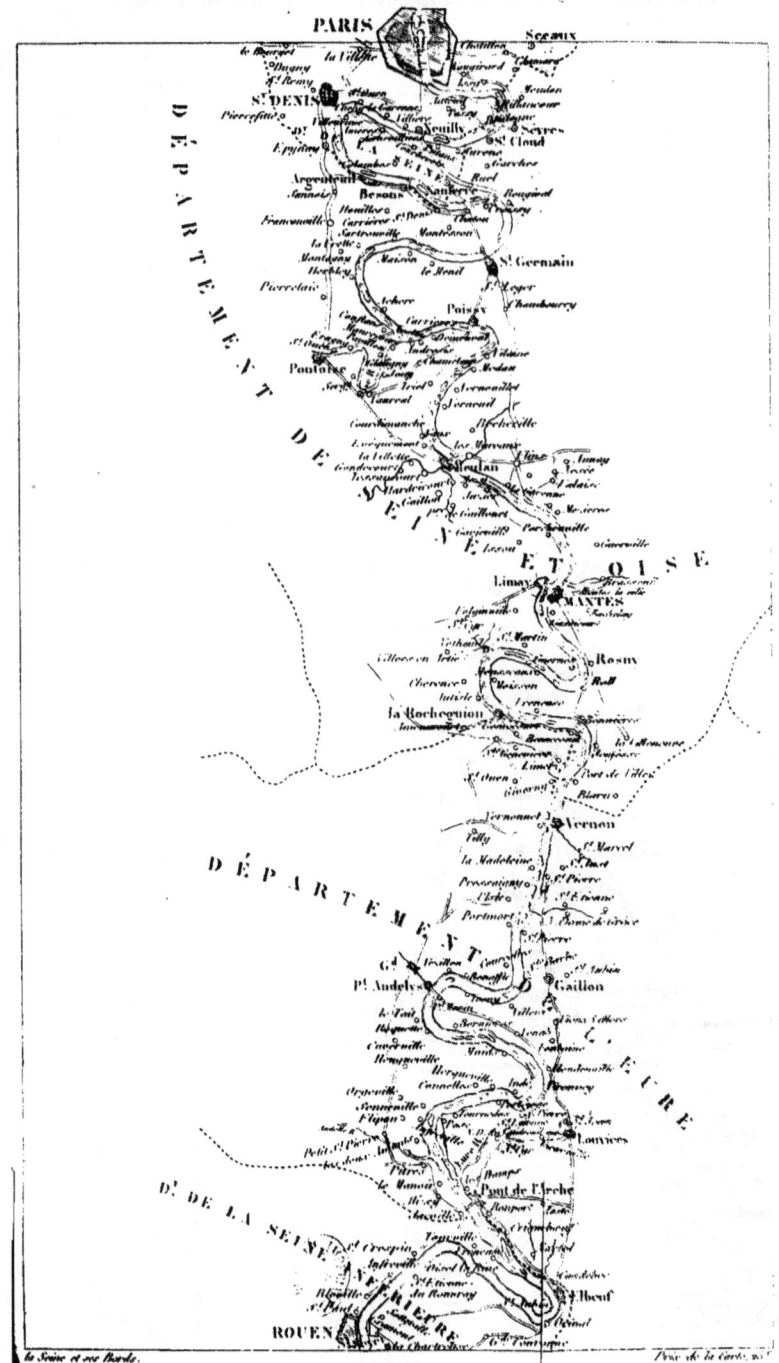

TABLE

DES

VILLES, BOURGS ET VILLAGES

SITUÉS SUR LES BORDS DE LA SEINE.

Distance par la Seine d'un lieu à un autre et d'une ville à une autre.

	Lieues.		Lieues.
St-Germain-la-Feuille.		*Report*....	14 1/4
Courceaux	1	Vix-St-Marcel............	1/2
Billy-les-Chanceaux......	3/4	Pothières...............	1
Oigny................	3/4	Charrey...............	1/4
Duesmes...............	2 1/2	Gommeville............	1
Quémigny.............	1 1/4	Mussy................	1/2 5 1/4
Cosne	3/4	Plaines	1/2
St-Marc...............	1 1/2	Gloire-Dieu	1
Bremur...............	1 1/4	Courteron............	1/4
Aisey-le-Duc	1/2	Gyé.................	1/4
Nod	3/4	Neuville.............	3/4
Chamesson...........	1	Buxeuil	1/2
Ampilly	1/2	Polizy	1/2
Buncey	3/4	Polizot..............	1/4
Châtillon.............	1 14 1/4	Merrey..............	3/4
Ste-Colombe	1/2	Bar-sur-Seine	3/4 6
Etrochey.............	3/4	Bourguignon.........	3/4
Courcelles-les-Rangs..	3/4	Virey	1

A reporter.... 14 1/4   *A reporter*.... 26

(190)

Report....	26		Report....	61 1/2	
Courtenot................	1/2		Marolles.................	1 1/4	
Fouchères	3/4		St-Germain.............	1	
Chappes	3/4		Montereau	3/4	7 1/4
Villemoyenne et St-Parre....	1/2		Varennes................	3/4	
Clérey	1 1/4		La Grand-Paroisse.........	3/4	
St-Aventin	3/4		Vernou..................	1 1/4	
Verrières................	1/2		La Celle-sur-Moret........	1/2	
Courgerennes	1 1/4		St-Mammès..............	1/2	
St-Julien................	1		Champagne	3/4	
Troyes..................	1 1/4	10 1/4	Thomery................	1/2	
Pont-Ste-Marie...........	1/2		Samoreau	1 1/4	
Barberey et Ste-Maure	1 1/2		Samois et Héricy.........	1 1/4	
St.-Lié et St-Benoist	1 1/4		Barbeaux	1/2	
Payens et Mergey...........	1/2		Fontaine-le-Port	1	
Villacerf	1/2		Bois-le-Roi et Chartrettes....	3/4	
Savières.................	3/4		La Rochette.............	3/4	
Chauchigny	1/2		Pény	1/2	
St-Memmin..............	1 1/4		Melun	1/4	11 1/4
Droup St-Bale............	1 1/4		Le Mée.................	1/4	
Droup Ste-Marie...........	1		Boissettes	1	
Méry....................	3/4	9 3/4	Boissise-la-Bertrand........	1/2	
Clesle...................	1 1/2		Boissise-le-Roi............	1/2	
Marcilly et Romilly	1 3/4		St-Fargeau..............	1 1/4	
Conflans	1 1/4		Saint-Port	1/2	
Crancey	3/4		Morsan et Le Coudray.......	1	
Pont-sur-Seine............	1	6 1/4	Saintery	3/4	
Marnay	3/4		Corbeil.................	3/4	6 3/4
Nogent-sur-Seine..........	1 1/2	2 1/4	Étiolles	3/4	
La Motte-Tilly	1 3/4		Soisy...................	1/2	
Courceroy	1/2		Petit-Bourg	1/2	
Villiers.................	1		Ris	1/2	
Noyen	3/4		Juvisy-sur-Orge	1	
Grisy...................	3/4		Athis	3/4	
Jaulne..................	1 1/2		Ablon..................	3/4	
Bray....................	3/4	7	Villeneuve-St-Georges.......	3/4	
Mouy	1/2		Choisy-le-Roy	1 1/4	
St-Sauveur-lès-Bois.........	3/4		Ivry	2	
Gravon	2 1/4		Paris	1 1/2	10 1/4
La Tombe................	3/4				
	À reporter...	61 1/2	TOTAL DE LA SOURCE A PARIS....	97	

(191)

Issy	2		Report	35 1/4
Sèvres	1 1/4		Vertheuil	1 1/4
St-Cloud	1/2		Moisson	3/4
Suresnes	3/4		La Roche-Guyon	3/4
Puteaux	1/2		Freneuse	1/4
Neuilly	1/4		Bonnières	1
Clichy et Asnières	3/4		Jeufosse	3/4
St-Ouen	3/4		Limetz et Port-de-Villez	3/4
Villeneuve-la-Garenne	1/2		Giverny	1/2
Épinay	1/2		Vernon et Vernonnet	1 1/4 12 1/2
Argenteuil	1 1/4		Pressaigny	1 3/4
Besons	3/4		Port-Mort	1 1/4
Carrières St-Denis	1		Courcelles	1 1/4
Chatou	3/4		Toeny et Bonafile	1 1/4
Croissy	1/2		Vezillon	1/2
Port-Marly	1 1/4		Les Andelys	1 7 1/4
St-Germain-en-Laye	1 1/4 14 1/4		La Roquette	1 1/4
Maisons	1 3/4		Bernières	1/2
Sartrouville	1/2		Muids	1 1/4
La Frette	3/4		Vironvey	1 1/2
Herblay	3/4		Andé	3/4
Achères	1 1/4		Portejoye et Herqueville	1/2
Conflans Sainte-Honorine	3/4		Tournedos	1 1/4
Andrésis	3/4		Pose et Amfreville	3/4
Carrières	1 1/4		Pitres	1
Poissy	1/2 8 1/4		Le Manoir	1/2
Vilaine	1 1/4		Pont-de-l'Arche	3/4 10
Triel	1 1/2		Criquebœuf	1
Vaux	1 1/2		Freneuse	3/4
Meulan et Les Mureaux	1 1/4 5 1/2		Elbœuf et St-Aubin	1 1/4 3
Mézy	3/4		Orival	3/4
Juziers	1/2		Oissel-la-Rivière	2
Mézières	1 1/2		Port St-Ouen	1 1/4
Porcheville	3/4		St-Crespin	3/4
Mantes et Limay	1 3/4 5 1/4		St-Etienne et Aufreville	3/4
Gassicourt	1/2		Blaville et Sotteville	1
Rosny	1 3/4		Rouen	3/4 10 1/4
Guernes	1/2		Petit-Quevilly	3/4
Rolleboise	3/4		Canteleu	3/4
Mousseaux	1 1/4		Petit-Couronne	1
A reporter	35 1/4		A reporter	76 1/4

Report....	76 1/4		Report....	92 3/4	
Hautot	3/4		Villequier	1	
Sahurs	3/4		Vatteville	1/2	
La Bouille	1/2		Norville	1	
Caumont	3/4		Aizier	1 1/4	
Beaulieu	1 1/4		Vieux-Port	1/2	
Bardouville	1/2		Quillebeuf et Lillebonne	2 1/2	
Ambouville	1		Tancarville et le Marais-Vernier	1 1/2	
Duclair	1 1/4	9 1/4	St-Jacques et Conteville	1 3/4	
Iville	2 1/4		Sandouville et Fiquefleur	1 1/4	
Le Landin	1 1/2		Château d'Orcher et Honfleur	1 3/4	
Jumièges	3/4		Harfleur	1 1/4	
Heurteauville et Yainville	3/4		Le Hâvre	2 1/4	16 3/4
La Meilleraye	1 1/2		Total de Paris au Havre	109 1/4	
St-Wandrille	1 1/4		De la source au Havre	206 1/4	
Caudebec	1	7 1/4			
A reporter....	92 3/4				

Ainsi il y a de la source de la Seine jusqu'à Paris, 70 l. par terre, et 97 l. par le fleuve; de Paris au Havre, 55 l. par terre et 109 $^{1}/_{4}$ par eau.

Nous croyons qu'il est de notre devoir, en terminant cet ouvrage, d'adresser nos remerciements a M. André Borel, qui a bien voulu nous aider dans nos longues et pénibles recherches. Ses connaissances comme archiviste et comme géographe, nous ont été du plus grand secours pour cet ouvrage, dont le principal mérite doit être une scrupuleuse exactitude dans la description des lieux et dans l'histoire de chaque pays.

(L'Éditeur.)

www.ingramcontent.com/pod-product-compliance
Lightning Source LLC
Chambersburg PA
CBHW071941160426
43198CB00011B/1489